LA PRESSE

SOUS LE RÉGIME

DE L'ÉTAT DE SIÉGE

PAR

E. DETOURBET

SUBSTITUT DU PROCUREUR GÉNÉRAL A CAEN

(Extrait de la *Revue pratique de Droit français*)

Prix : 2 francs.

PARIS

A. MARESCQ AÎNÉ, LIBRAIRE-ÉDITEUR

17, RUE SOUFFLOT, 17

1875

LA PRESSE

SOUS LE RÉGIME

DE L'ÉTAT DE SIÉGE

LA PRESSE

SOUS LE RÉGIME

DE L'ÉTAT DE SIÉGE

PAR

E. DETOURBET

SUBSTITUT DU PROCUREUR GÉNÉRAL A CAEN

(Extrait de la *Revue pratique de Droit français*)

Prix : 2 francs.

PARIS

A. MARESCQ AÎNÉ, LIBRAIRE-ÉDITEUR

17, RUE SOUFFLOT 17,

1875

LA PRESSE

SOUS LE RÉGIME DE L'ÉTAT DE SIÉGE

INTRODUCTION

1. Notre but n'est pas de traiter, dans cette étude, une matière politique, mais une question de législation. Notre intention n'est pas de critiquer les lois qui nous régissent, mais d'examiner leur application, dans des hypothèses déterminées, et de rechercher si la jurisprudence a donné des solutions incontestables.

Nous rappellerons, au début de notre travail, ces belles paroles de *Servan :* « Je ne cesserai jamais de respecter les « lois comme citoyen, je ne cesserai jamais de travailler à « les faire respecter comme magistrat; mais, sur certains « points, j'en désirerai parfois la réformation » (1).

Sunt ab initio voluntatis, ex post facto necessitatis.

Dès que les lois ont été promulguées, le devoir de chacun est de les observer. Autrement, il n'y a pas de liberté vraie.

Il appartient au pouvoir législatif seul de modifier celles qui existent. Le devoir des citoyens, dans un État libre, est de les respecter.

2. On sait que l'*état de siége* a été appliqué à une partie de la France, pendant l'année 1870, au moment de la guerre contre l'Allemagne.

La guerre a cessé; mais l'état de siége subsiste dans quarante-trois départements.

---

(1) *Dupin,* opuscules, édition de 1851, page 401.

Nous n'examinerons pas l'opportunité de son maintien. « Cette question n'a rien de judiciaire, elle est toute parle-« mentaire, » a dit *M. Vincens de St-Laurent* dans un savant rapport que cite M. Guizot (1).

Nous ajouterons, avec le même auteur (2), que, « c'est « au gouvernement seul, qui sait quels dangers l'ont décidé « à recourir à une telle mesure, qu'il appartient de calculer « leur durée, par conséquent celle du remède qu'il leur « oppose » (3).

Un magistrat distingué (4) exprimait récemment une idée analogue, lorsqu'il disait :

« L'histoire nous enseigne que, sous l'impression de ces excé-« crables forfaits, qui en frappant le présent, menacent l'avenir, « les peuples sont toujours disposés à trouver insuffisantes les lois « qui les protégent, et demandent toujours de nouvelles sû-« retés. »

3. Ce même magistrat rappelait que, par suite des varia-tions de gouvernements, la presse avait été successivement régie par trois législations différentes (5).

« L'une préconise, disait-il, un ensemble de dispositions pour « prévenir le mal, surveille l'œuvre avant son impression, et l'em-« pêche d'être publiée, si elle est dangereuse ; « L'autre, considérant le journal comme un moyen extraordinaire « de propagande, en subordonne la publication à l'autorisation du

---

(1) Mémoires, tome II, page 497.
(2) Guizot, *loc. cit.*, page 493.
(3) Au sujet de la légalité de l'état de siége et des difficultés que peut faire naître cette mesure, on consultera avec profit le rapport, cité plus haut (mé-moires de M. Guizot, tome II, pages 487 à 502), de M. Vincens de Saint-Laurent, président de chambre à la cour royale de Paris, et ayant pour titre : *Note sur la mise en état de siége de la ville de Paris, par l'ordonnance royale du 6 juin* 1831.
Voir aussi journal *le Temps*, du 3 octobre 1874.
Les lecteurs qui voudraient trouver des documents complets sur cette ma-tière pourront se reporter aux débats qui ont eu lieu à l'Assemblée nationale, dans les séances des 4 et 5 décembre 1873.
(4) *M. Geneste*, Discours de rentrée prononcé devant la cour d'appel de Lyon, le 4 novembre 1872.
(5) *M. Geneste, loc. cit.*

« gouvernement, et en permet la suppression par l'autorité admi-
« nistrative ;

« La troisième, enfin, abandonnant toutes les mesures préventives
« ou restrictives, laisse à l'homme la faculté d'exprimer ses pensées
« par le livre, la brochure et le journal, et réprime seulement l'a-
« bus que l'écrivain peut faire de ce droit.

« Tous ces systèmes ont été successivement *tentés, abandonnés, re-*
« *pris,* au sein de notre pays, et l'histoire, qui enregistre ces varia-
« tions, nous apporte ici des renseignements bien précieux. »

C'est ce troisième régime qui s'applique actuellement à la
presse : 1° les tribunaux ordinaires ou les cours d'assises
connaissent des faits qualifiés contraventions, délits ou
crimes ; 2° un certain nombre de mesures administratives,
existant déjà avant la loi du 15 avril 1871, ont été mainte-
nues ; citons comme exemple la prohibition de vente des
journaux, sur la voie publique ; 3° enfin, lorsque l'état de
siége est proclamé, l'autorité militaire peut, soit évoquer la
connaissance des crimes ou délits commis, et alors elle a le
droit d'interdire, dans les limites du territoire soumis à sa
juridiction, la publication de certaines feuilles périodiques,
soit laisser subsister le régime de droit commun.

S'il nous est permis de formuler ici un simple vœu, nous
émettrons celui de voir le ministère du 10 mars 1875, sur
lequel le parti libéral a fondé de si grandes espérances, soumettre prochainement à l'Assemblée nationale un projet de
loi portant abrogation de l'état de siége.

4. Nous allons rechercher : 1° quelle est l'étendue du pouvoir
militaire, sous ce régime exceptionnel ; 2° quelle est la sanction des infractions aux arrêtés pris en cette matière, par
l'autorité militaire.

Cette étude comprendra le résumé des diverses opinions
émises, à ce sujet ; toutes les décisions judiciaires, qui s'y
réfèrent, seront reproduites.

Le lecteur connaîtra alors complétement cette importante
question, qui a pris naissance, il y a près de deux ans et qui
n'avait jamais auparavant été résolue par la justice. De 1849
à 1852, on ne relève aucun monument de jurisprudence
applicable à cette matière ; et cependant une partie de la
France fut, à cette époque, comme à présent, en état de

siége. Depuis le 4 septembre 1870, nous ne connaissons pas
d'autres décisions judiciaires que celles qui vont suivre, et
que nous avons en quelque sorte codifiées, afin qu'on puisse
s'y reporter facilement (1).

---

(1) Les textes à consulter sont les suivants :
Loi du 10 juillet 1791, art. 10, 11, 12.
Loi du 10 fructidor an V, art. 1 et 2.
Décret du 24 décembre 1811, art. 53, 101, 103.
Loi du 9 et 11 août 1849, art. 9.
Constitution du 14 janvier 1852, art. 12.
Décret du 17 février 1852, art. 20.
Loi du 11 mai 1868, art. 12.
(Tous ces monuments législatifs sont cités par M. Duvergier (collection
des lois, année 1857, page 351).

CHAPITRE PREMIER

Étendue des pouvoirs militaires, en ce qui concerne la presse, sous le régime de l'état de siége.

SECTION I

JURISPRUDENCE.

5. Plusieurs juridictions ont eu à se prononcer dans le courant des années 1873 et 1874, au sujet de cette première question ; voici dans quelles circonstances :

La publication de trois journaux avait été interdite par l'autorité militaire de Paris, ville en état de siége ; ils avaient reparu sous un titre déguisé : le premier et le troisième, à Paris même : le second à Sens, ville d'un département qui ne se trouvait pas soumis au régime de l'état de siége.

Il y avait là, comme on le voit, deux situations différentes. Examinons d'abord la contravention qui était reprochée au second de ces journaux.

§ 1ᵉʳ. — *Publication, hors du territoire de l'état de siége, d'un journal interdit par l'autorité militaire.*

6. Le 4 septembre 1873, M. le gouverneur de Paris interdisait la publication du *Peuple souverain*, feuille qui se publiait à Paris. Le 4 octobre suivant, paraissait à Sens le premier numéro d'un journal, portant la date du 6 octobre 1873, ou 15 vendémiaire an LXXXII, ainsi que le titre de *Suffrage universel*, et qui semblait être la continuation du *Peuple souverain*. Plusieurs numéros du premier tirage du *Suffrage universel*, imprimé à Sens, furent introduits à Paris.

Le lendemain, 5 octobre 1873, M. le général, gouverneur de Paris, interdisait l'introduction et la vente du *Suffrage universel* dans tous les départements faisant partie de la première division militaire (1).

7. Une instruction fut immédiatement commencée à Sens, contre le nouveau journal imprimé dans cette ville.

Elle démontra que « *le Suffrage universel* » n'était que la continuation du « *Peuple souverain* ». En fait, l'identité des deux feuilles ne pouvait être contestée. La question de droit était plus délicate, elle consistait à rechercher quelle valeur il convenait d'attacher à l'interdiction de publication résultant de l'arrêté précité de M. le gouverneur de Paris.

Il n'y avait pas à se préoccuper, à ce moment, de la contravention d'introduction à Paris des numéros du *Suffrage universel* (quoique l'arrêt du 10 décembre 1873 rapporté au n° 8 *in fine*, ait fait cette confusion). Aussi le seul fait d'avoir fait paraître à Sens, ville ne se trouvant pas comprise dans la zone en état de siége, une feuille dont la publication avait été interdite, fut-il relevé contre les gérants et l'imprimeur du *Suffrage universel*.

Le 19 novembre 1873, le tribunal correctionnel de Sens acquitta les prévenus Simond, Hamon et Lhermitte (2), en se

(1) Cet arrêté était ainsi conçu
Le général gouverneur de Paris, commandant la 1re division militaire,
Considérant que le journal *le Suffrage universel*, publié à Sens, et mis en vente à Paris, dans les boutiques, n'est que la continuation, sous un titre déguisé, du journal le *Peuple souverain*, dont la publication a été interdite par arrêté du 4 septembre 1873.

Arrête :

Art. 1er. — L'introduction et la vente du journal le *Suffrage universel* sont interdites dans tous les départements de la 1re division militaire, soumis à l'état de siége.

Art. 2. — M. le préfet de police, à Paris, et MM. les préfets des départements ci-dessus désignés, sont chargés chacun en ce qui le concerne d'assurer l'exécution du présent arrêté.

Paris, le 5 octobre 1873.
Le général gouverneur de Paris, commandant supérieur.
Signé : Ladmirault.

(2) Voici le texte de cette décision (*Gazette des Tribunaux* du 21 novembre 1873) :
« Donne défaut contre Simond, Hamon et l'Hermitte,
« Et, statuant au fond :
« Attendu qu'en fait, il résulte des pièces de l'information que le journal « intitulé *le Suffrage universel*, imprimé et publié à Sens, n'est que la con-

fondant sur ce que les arrêtés pris à Paris, par le général commandant la première division, n'avaient pas le caractère général et absolu d'une décision judiciaire, exécutoire dans toute la France ; que ces arrêtés ne constituaient que des mesures d'ordre et de police, lesquelles n'ont d'effet et ne peuvent être appliquées que sur la portion restreinte du territoire soumis à l'état de siége.

8. Ce jugement fut déféré à la Cour d'appel de Paris (1), qui reconnut, comme les premiers juges, que la publication du *Suffrage universel* était licite à Sens (2) ; elle proclama que toute

---

« tinuation, sous un titre déguisé, du journal *le Peuple souverain*, anté-
« rieurement imprimé et publié à Paris ; qu'en effet, non-seulement les
« deux journaux présentent le même aspect matériel, mais que le personnel
« de leur rédaction, de leurs compositeurs, de leurs correspondants est pres-
« que le même ; que *le Suffrage universel* est adressé aux mêmes abonnés
« gratuits, et continue le service des abonnés payants avec les bandes impri-
« mées du *Peuple souverain ;* qu'il est dirigé par le même administrateur ou
« directeur-gérant :

« Que d'ailleurs cette identité est pleinement démontrée par les termes
« mêmes de la correspondance et des pièces saisies au cours de l'information ;

« Mais attendu, en droit, qu'aux termes des articles 2, 7 et 9 de la loi du
« 11 août 1849 sur l'état de siége, si l'autorité militaire a le droit d'interdire
« la publication qu'elle juge de nature à exciter ou à entretenir le désordre,
« les arrêtés qu'elle prend à cet égard ne sont que des mesures d'ordre et de
« police, applicables à la partie du territoire déclaré en état de siége ;

« Que, par suite, ces arrêtés ne sauraient avoir le caractère général et ab-
« solu d'une décision judiciaire, exécutoire dans toute la France ;

« Que le général, gouverneur de Paris, l'a ainsi compris, puisque dans son
« arrêté en date du 5 octobre 1873, où il constate l'identité du *Suffrage*
« *universel* et du *Peuple souverain*, il se borne à en interdire la publication
« dans tous les départements de la 1re division militaire, soumis à l'état de
« siége ;

« Attendu qu'au surplus, le droit d'interdire la publication d'un journal,
« accordé à l'autorité militaire par l'article 9 précité, ne saurait être con-
« fondu avec le droit de suppression ou de suspension, édicté par décret du
« 17 février 1852, et conservé par la loi du 11 mai 1868, pour le cas seulement
« où la suppression et la suspension sont la conséquence de condamnations
« judiciaires ;

« D'où il suit que les prévenus, en publiant à Sens le *Peuple souverain*, sous
« le titre déguisé de *Suffrage universel*, alors que ce journal n'était frappé ni
« de suppression, ni de suspension, dans le sens de l'article 20 du décret du
« 17 février 1852, n'ont pas commis le délit prévu et puni par cet article ;

« Les renvoie des fins de la poursuite, sans dépens. »

(1) *Gazette des Tribunaux* du 11 décembre 1873.

(2) « Considérant que la loi du 9 août 1849, pour consacrer à l'avenir la lé-
« galité des effets de l'état de siége, tels qu'ils avaient été appliqués en juin
« 1848 et juin 1849, a conféré à l'autorité militaire, entre autres pouvoirs

publication d'un journal suspendu, ou supprimé, par voie administrative, ou judiciaire, aussi bien que celle d'un journal

---

« exceptionnels, le droit d'interdire les publications qu'elle juge de nature à
« exciter ou à entretenir le désordre ;

« Considérant que ces expressions, prises en elles-mêmes et interprétées par
« ce qui s'était pratiqué antérieurement, équivalent virtuellement à ce que
« d'autres lois ont appelé suppression ou suspension des journaux ;

« Considérant qu'aux termes de l'art. 20 du décret du 17 février 1852 sur
« l'organisation de la presse, toute publication, sous son titre ou sous un titre
« déguisé, d'un journal frappé de suppression ou de suspension administrative
« ou judiciaire, constitue une contravention punissable de peines d'emprison-
« nement et d'amendes ;

« Considérant que les dispositions de cet article sont générales et absolues
« et qu'elles atteignent, sans exception, toute publication de journal faite au
« mépris d'une interdiction légale, soit définitive, soit temporaire, et quelle
« que soit l'autorité qui ait prononcé cette interdiction, pourvu que cette au-
« torité ait agi dans les limites de ses attributions ;

« Qu'il est impossible d'admettre que le législateur de 1852, qui a voulu,
« par des peines sévères, assurer le respect des décisions qui condamnent un
« journal au silence, ait réservé l'impunité à ceux qui continueraient de pu-
« blier, sur un territoire soumis à l'état de siége, un journal supprimé par
« l'autorité militaire :

« Considérant que la loi du 11 mai 1868, en enlevant à l'autorité admi
« nistrative le pouvoir qui lui avait été antérieurement accordé de supprimer
« ou de suspendre les journaux dans certains cas déterminés, a laissé sub-
« sister intégralement la loi du 9 avril 1849, et n'a modifié en rien l'article 20
« du décret de 1852, pour tous les cas où un journal reparaîtrait au mépris
« d'une interdiction légale ;

« Considérant que, par arrêté du 4 septembre 1873, régulièrement notifié
« le général commandant la première division militaire, gouverneur de Paris,
« a interdit, sur l'avis du conseil des ministres, la publication du journal
« quotidien le *Peuple souverain ;*

« Considérant qu'il était dès lors défendu, sous les peines de droit, de faire
« reparaître ce journal, soit sous son titre, soit sous un titre déguisé, dans
« l'étendue du territoire soumis à l'état de siége et à l'autorité du comman-
« dant de la première division militaire ;

« Qu'il importe peu que le journal, objet des poursuites, soit imprimé et pu-
« blié à Sens, ville non soumise à l'état de siége, s'il est établi, d'une part, que
« ce journal a été publié aussi à Paris et dans les départements soumis, avec
« Paris, à l'état de siége ; d'autre part, que ce journal n'est autre que le *Peu-*
« *ple souverain ;*

« Considérant qu'il est judiciairement établi que les premiers numéros du
« *Suffrage universel* et tout au moins les numéros un et deux, portant les
« dates des 6 et 7 octobre 1873, ont été, en grand nombre, par le fait des pré-
« venus Simond et Hamon, exposés, mis en vente, vendus et distribués soit à
« Paris, soit à Melun, soit à Troyes, soit dans d'autres localités, dépendantes
« de la première division militaire et soumises à l'état de siége ;

« Considérant qu'il ne s'agit donc plus que de rechercher et constater si le
« journal le *Suffrage universel* qui s'imprime et se publie à Sens est, comme
« le soutient la prévention, la continuation du journal le *Peuple souverain* an-
« térieurement imprimé et publié à Paris ;

interdit par application de l'article 9 de la loi du 9 août 1849 ,
(l'interdiction équivalant *virtuellement* à la suspension ou à la

« Considérant que les documents fournis par l'instruction et les débats af-
« firment d'une manière irrécusable l'identité des deux journaux ;

« Q'en effet, la propriété, la gérance, l'administration et le personnel des
« deux journaux sont les mêmes, sauf quelques changements sans significa-
« tion ;

« Que *le Suffrage universel* poursuit le but politique qu'avait le *Peuple sou-*
« *verain,* s'adresse au même public, est rédigé par les mêmes écrivains, a les
« mêmes correspondants pour la vente, a la même composition, la même dis-
« tribution des matières, se publie en un mot dans des conditions identiques ;

« Que *le Suffrage universel,* se servant des registres d'abonnement et des
« livres d'administration du *Peuple souverain,* a continué les abonnements
« gratuits et payants auxquels satisfaisait le *Peuple souverain,* et a employé
« dans les premiers temps les bandes imprimées du *Peuple souverain ;* qu'il a
« également pris, quant aux annonces, la suite des obligations du *Peuple sou-*
« *verain ;*

« Considérant enfin que les correspondances saisies établissent surabon-
« damment et avec évidence que le *Suffrage universel* a été créé à Sens dans
« le but unique d'éluder et de braver la mesure qui avait frappé le *Peuple*
« *souverain ;*

« Considérant, en conséquence, que si les premiers juges ont été fondés à
« dire que l'autorité d'un chef militaire, en cas d'état de siége, ne dépasse pas
« les limites du territoire soumis à l'état de siége, ils ont mal à propos relaxé
« les prévenus, en ce qui concerne les faits de publication accomplis à Paris et
« autres localités soumises avec Paris à l'état de siége ;

« Par ces motifs,

« Confirme le jugement dont est appel en ce qu'il a acquitté les prévenus
« pour la publication du *Suffrage universel,* à partir du n° 3, portant la date
« du 8 octobre ;

« Mais dit qu'il y a preuve suffisante :

« 1° Contre Simond et Hamon, le premier directeur-gérant, le second co-
« gérant du *Suffrage universel ;*

« D'avoir conjointement, à Paris, Troyes, Melun et autres localités soumises
« tout à la fois à l'état de siége et à l'autorité du commandant de la première
« division militaire, continué les 6 et 7 octobre 1873, sous le titre déguisé *le*
« *Suffrage universel,* la publication du journal quotidien *le Peuple souverain,*
« supprimé ou suspendu par l'arrêté sus-visé ;

« 2° Contre Lhermitte, imprimeur à Sens, d'avoir imprimé les n°ˢ 1 et 2, por-
« tant les dates des 6 et 7 octobre, du journal supprimé ou suspendu *le Peuple*
« *souverain,* sous le titre déguisé *le Suffrage universel,* sachant que ces nu-
« méros devaient être publiés sur le territoire soumis à l'état de siége ;

« Qu'ils ont ainsi contrevenu aux dispositions de l'article 20 du décret
« du 17 février 1852 ;

« Réformant le jugement dont est appel et faisant application dudit article ;

« Condamne Simond à trois mois d'emprisonnement, Hamon et Lhermitte
« chacun à un mois d'emprisonnement ;

« Les condamne tous trois solidairement à 1,000 francs d'amende pour cha-
« cun des n°ˢ 1 et 2, publiés en contravention ;

« Les condamne solidairement aux frais ;

« Fixe à quatre mois la durée de la contrainte par corps, s'il y a lieu de
« l'exercer. »

· suppression), constituait une contravention punissable ; et que
la peine, qui devait lui être appliquée, est édictée par l'article 20 du décret du 17 février 1852 : Qu'il importait de protéger, de préférence à tout autre, le territoire en état de
siége, dans lequel les publications, réputées dangereuses,
doivent être prohibées plus rigoureusement que partout
ailleurs : Q'en fait, il était constant que plusieurs numéros du
Suffrage universel, continuation du *Peuple souverain*, avaient
été exposés, mis en vente dans certaines localités, voisines
de Paris, et introduits dans cette ville. Elle condamnait ainsi
les sieurs Simond, Hamon et Lhermitte pour une contravention qui n'avait été relevée, ni dans l'ordonnance, ni dans
la citation (1). M. *Bédarrides* s'est exprimé avec énergie sur

(1) L'arrêt de la Cour de Paris énonce que l'imprimeur avait eu connaissance de l'interdiction de publication prononcée par le gouverneur de Paris,
contre le *Peuple souverain*, et de l'intention qu'avait le gérant, de faire
parvenir les numéros du nouveau journal dans le territoire soumis à l'état de
siége. — Qu'il nous soit permis de faire remarquer que le mot *sciemment* pris
dans le sens de l'article 62 du Code pénal, rend une preuve de cette nature
presque impossible, lorsqu'il s'agit d'un imprimeur, dont les ateliers, sont
éloignés des bureaux de la rédaction du journal, et qui ignore presque toujours la destination des différents numéros de la feuille qu'il imprime : tout
au plus pourrait-il en être autrement, quand la même administration est
chargée de la rédaction, de la publication et de l'impression du journal. Si,
dans cette dernière hypothèse, la publication de l'article constitue un des
délits prévus par l'article 1er de la loi du 17 mai 1819, on s'explique
que l'imprimeur soit considéré comme complice et encoure une certaine part
de responsabilité, car, on présume que l'imprimeur a lu l'article qu'il a imprimé. Mais, dans la poursuite contre le *Suffrage universel*, il ne s'agissait
que d'une publication d'un journal, dans un département non soumis à l'état
de siége, ainsi que le reconnaissait l'arrêt du 10 décembre 1874 lui-même.
Cette dernière hypothèse est bien différente de celle que nous venons de
mentionner.
Outre que la Cour n'avait pas à examiner un délit qui n'était pas reproché
aux prévenus, rien n'établissait que l'imprimeur eût été averti de l'expédition
faite en fraude, de certains numéros dudit journal, envoyés à Paris. L'eût-il
été, la connaissance de cette destination n'équivalait pas à l'interdiction
prononcée, ainsi que l'a très-justement fait observer M. l'avocat général *Bédarrides*. (*Gaz.* du 25 février 1874.)
Le second moyen du pourvoi, qui visait la nullité de l'arrêt du 10 décembre 1873, et se fondait sur la violation : 1° du droit de défense : 2° de la
règle du double degré de juridiction, fut admis par la Cour suprême. —
Celle-ci borna, par conséquent, son examen à cette seconde branche du pourvoi, et ne fut pas appelée à se prononcer sur le quatrième moyen, c'est-à-dire sur la question que nous venons d'énoncer, et qui concernait la prétendue contravention reprochée à l'imprimeur.   •
— Nous croyons devoir présenter une seconde observation, au sujet de ·
l'arrêt du 10 décembre 1873. Me Floquet, avocat des prévenus, a rappelé,

cette erreur de droit (*Gazette des Tribunaux*, du 25 février 1874).

9. Sans examiner la question au fond, l'arrêt du 13 février 1874 (1) cassa, pour violation de l'article 183 du Code d'instruction criminelle, l'arrêt de la cour de Paris, en date du 10 décembre 1873, qui vient d'être rapporté (2).

à titre d'exemple ou d'argument, devant la Cour d'appel de Paris, le 6 décembre 1874, que certains journaux interdits à Marseille en 1871, avaient été de nouveau publiés à Arles, et que cependant le général commandant la division avait cru devoir en interdire la publication par une mesure spéciale, par un second arrêté, bien que les villes de Marseille et d'Arles fussent toutes deux placées sous son commandement ; et le défenseur en concluait que les pouvoirs de l'autorité militaire étaient limités, même dans la région en état de siége, et circonscrits, d'une façon étroite, dans celles des localités faisant partie de cette région.

Mais il faut remarquer qu'alors l'autorité militaire agissait dans la plénitude de ses attributions, qu'elle usait des pouvoirs que lui conférait la loi des 9-11 août 1849, et que ce qui distinguait cette hypothèse des poursuites dont nous nous occupons en ce moment, c'est que, dans le département des Bouches-du-Rhône, le tribunal correctionnel de Marseille n'avait pas été saisi, comme l'a été celui de Sens (voir n° 7).

(1) *Gazette des Tribunaux* du 25 février 1874.

(2) Voici le texte de l'arrêt de cassation, rendu, sur le pourvoi du procureur général de la Cour de Paris :

« La Cour,

« Ouï M. le conseiller de Carnières en son rapport, M. Chambareaud, avocat à la Cour en ses observations, et M. l'avocat général Bédarrides en ses conclusions,

« Sur le premier moyen du pourvoi, fondé sur une prétendue violation des articles 1 et 2 de la loi du 15 avril 1871, en ce que la juridiction correctionnelle aurait été incompétente pour connaître du délit imputé aux prévenus par l'arrêt attaqué :

« Attendu que, si l'article 1er de la loi du 15 avril 1871 décide que la poursuite des délits commis par la voie de la presse aura lieu conformément au chapitre III, art. 16 à 23 de la loi du 27 juillet 1849, c'est-à-dire devant la Cour d'assises, l'art. 2 de la même loi maintient exceptionnellement dans la compétence des tribunaux correctionnels la connaissance des infractions purement matérielles aux lois, décrets et réglements sur la presse :

« Attendu que le fait imputé aux prévenus d'avoir continué, sous un titre déguisé, la publication d'un journal régulièrement interdit, rentre, en ce qui concerne la compétence, dans les termes de cette exception ;

« Que son appréciation ne nécessite, en effet, l'examen ni de la moralité d'un écrit, ni de la bonne ou de la mauvaise foi d'un écrivain, et qu'il consiste uniquement au contraire dans la violation matérielle d'une interdiction prononcée en vertu de l'article 9 de la loi du 9 août 1849 ;

« Attendu, dès lors, que c'est avec raison que, dans l'espèce, la poursuite a été déférée au tribunal correctionnel à l'exclusion de la Cour d'assises ;

« Par ces motifs,

« La Cour rejette ce moyen ;

« Mais sur le second moyen fondé sur la violation du droit de la défense et de la règle du double degré de juridiction, en ce que les prévenus auraient

10. Par application de cet arrêt de cassation, des poursuites *nouvelles* durent être dirigées contre Simond et consorts, relativement à la contravention qu'ils avaient commise, en introduisant dans le territoire soumis à l'état de siége, un certain nombre de numéros du journal *le Suffrage universel,* imprimé

été condamnés en appel pour des faits nouveaux non spécifiés dans la citation et non appréciés par les premiers juges ;

« Vu les articles 130 et 182 du Code d'instruction criminelle ;

« Attendu que, d'après la citation qui a reproduit textuellement les termes de l'ordonnance de renvoi en police correctionnelle, les demandeurs ont été poursuivis sous prévention d'avoir conjointement, depuis le 6 octobre 1873, à Sens, continué jusqu'au 10 novembre, sous le titre déguisé le *Suffrage universel,* la publication quotidienne du journal le *Peuple souverain,* laquelle publication avait été interdite par arrêté de M. le gouverneur de Paris, en date du 4 septembre 1873 ;

« Attendu que les premiers juges, appréciant cette [citation selon sa lettre et selon son esprit, ont reconnu que la prévention avait pour objet unique la reproduction faite à Sens, c'est-à-dire en dehors du rayon de l'état de siége établi à Paris et dans plusieurs départements de la première division militaire, d'un journal dont la publication avait été interdite dans ce rayon et ont décidé que le fait, ainsi circonscrit et qualifié, ne constituait ni délit ni contravention ;

« Attendu que cette décision, fondée sur ce que les arrêtés d'interdiction, pris par l'autorité militaire en vertu de l'article 9 de la loi du 9 août 1849, ne sont que des mesures d'ordre et de police, exécutoires seulement sur la partie du territoire déclarée en état de siége, et sans application au dehors, n'a point été légalement contestée par l'arrêt attaqué ; mais que la Cour d'appel, substituant une incrimination nouvelle et entièrement distincte à celle qu'elle reconnaissait être sans fondement légal, a déclaré les prévenus coupables à raison de faits de publication commis, non plus seulement à Sens, mais à Paris et dans d'autres localités soumises avec Paris à l'état de siége ;

« Attendu qu'il est de règle générale que les tribunaux correctionnels ne peuvent être saisis que des faits spécialement énoncés dans l'ordonnance de renvoi ou dans la citation, et que les Cours d'appel ne peuvent elles-mêmes statuer que sur des faits qui ont été préalablement portés devant les premiers juges ;

« Attendu, dès lors, que l'arrêt attaqué, en prononçant une condamnation à raison de faits sur lesquels les prévenus n'avaient pas été appelés à se défendre et qui n'avaient point été déférés aux premiers juges, a formellement violé le droit de la défense et la règle du double degré de juridiction ;

« Par ces motifs, et sans qu'il soit besoin de statuer sur les autres moyens du pourvoi, la Cour casse et annule l'arrêt, en date du 10 décembre 1873, par lequel la Cour d'appel de Paris a prononcé la condamnation des demandeurs ;

« Et attendu que l'acquittement des prévenus par le tribunal correctionnel, à raison du fait objet unique de la poursuite, a été maintenu par ledit arrêt, qui n'a fondé la condamnation par lui prononcée que sur des faits extrinsèques, illégalement appréciés, déclare qu'il n'y a lieu de renvoyer l'affaire devant une autre juridiction ;

« Ordonne, etc. » (*Gazette des Tribunaux,* du 25 février 1874).

à Sens. Le tribunal correctionnel de la Seine (8ᵉ ch.) rendit, le 7 avril 1874, sous la présidence de M. Millet (1), un jugement (2)

(1) *Gazette des Tribunaux*, du 8 avril 1874.

(2) « Le Tribunal,

« Attendu qu'il résulte du certificat produit que le sieur Hamon est retenu à Jersey pour cause de maladie ;

« Disjoint la cause de Hamon de la cause d'entre le ministère public et Simon, et donne défaut contre Simon, non comparant :

« Attendu qu'il résulte des documents du procès, de la correspondance de Valentin Simon, qu'il a publié conjointement à Sens (Yonne), en dehors du territoire de la première division militaire, depuis le 6 octobre 1873 jusqu'au 10 novembre, le journal *le Peuple souverain* sous ce titre déguisé : *le Suffrage universel*, dont la publication avait été interdite sur le territoire de la première division militaire, par arrêté du gouverneur de Paris en date du 4 septembre 1873 ;

« Qu'il résulte des mêmes documents que le prévenu a publié, par avis de distribution à domicile, le journal dont il s'agit, pendant le cours de la période de temps susindiquée, à Troyes, à Nogent-sur-Seine, Nangis, Fontainebleau, Paris, et dans d'autres lieux compris dans la circonscription de la première division militaire soumise au régime de l'état de siége ;

« Attendu qu'en publiant un journal dans les lieux susindiqués, les deux prévenus ont contrevenu à l'arrêté du 4 septembre, en continuant la publication du journal *le Peuple souverain* sous un titre déguisé, sur le territoire qui lui était interdit ;

« Attendu que cette mesure d'interdiction prise par l'autorité militaire, en exécution des pouvoirs exceptionnels qui lui sont conférés par l'article 9 de la loi de 1849, organique de l'état de siége, est une mesure de police administrative temporaire, et dont l'effet est limité à l'étendue du rayon soumis à son autorité ;

« Qu'interdire la publication d'un journal dans ces conditions, c'est en suspendre la publicité ; qu'il s'en suit que l'interdiction de paraître est un simulacre de la suspension en territoire assujetti à l'état de siége, à la différence de la généralité des effets de la suspension administrative qui s'étendait, ou de la suspension judiciaire qui s'étend, à l'universalité du territoire, n'en modifie pas le caractère légal, puisque ces différences ont pou cause celles existantes entre les attributions d'un pouvoir exceptionnel limite à une portion de territoire et celles d'un pouvoir général et régulier, dont la souveraineté s'étend sur son ensemble ;

« Attendu que l'infraction aux arrêtés de suspension, dans le cas dont il s'agit, a sa sanction dans les pénalités édictées dans l'article 2 du décret du 17 février 1852.

« Qu'en effet la loi de 1868, dans son article 16, n'a abrogé expressément que les articles 1ᵉʳ, 32 et partie de l'article 19 du décret de 1852, concernant la suspension et la suppression des journaux par voie de décisions ministérielles, et tacitement, que les dispositions aux lois antérieures qui seraient contraires à ses dispositions nouvelles ;

« Que le législateur de 1868, qui inaugurait un régime de liberté pour la presse, n'a eu en vue, en édictant son principe d'abrogation, que les dispositions des lois antérieures sur la presse qui lui seraient contraires et non celles contenues dans la loi organique sur l'état de siége, qui demeurées en dehors de toute discussion, tant au Corps législatif qu'au Sénat, ont été respectées dans leur intégralité ;

qui établissait que les prévenus avaient distribué à domicile, dans plusieurs villes de la première division militaire, soumises au régime de l'état de siége, un certain nombre de numéros du *Suffrage universel*, et qu'ils avaient ainsi continué sur la partie de ce territoire, régie par l'autorité militaire, la publication interdite de la feuille ci-dessus rappelée : Que, si cette infraction ne peut être réprimée et poursuivie, lorsqu'elle a été commise hors du territoire en état de siége, elle peut l'être, quand l'infraction s'est produite, dans la région soumise à ce régime exceptionnel : Qu'il convient d'assimiler à une mesure tendant à la suspension momentanée de la publicité d'une feuille, l'arrêté pris par un gouverneur militaire dans les limites de son commandement : Que la sanction de cette infraction existe, non pas dans le droit qu'aurait ce gouverneur de se faire justice, en employant la force matérielle, mais dans un texte de loi très-précis, parfaitement applicable à l'hypothèse, dont il s'agit, en un mot dans l'article 20 du décret du 17 février 1852, que n'a nullement abrogé la loi postérieure du 11 mai 1868.

« Qu'il en résulte que la suspension des journaux pendant la période de l'état de siége, par mesure d'ordre et de sûreté, attribuée à l'autorité militaire par l'article 9 de la loi de 1849, n'a pas été abrogée par les dispositions abrogatives de la loi de 1868, puisqu'elles n'ont pas modifié la loi de 1849 ;

« Qu'il en est de même, dès lors, des sanctions pénales contenues dans l'article 20 du décret du 17 février, qui ne sont abrogées qu'au regard de la uspension par voie de décision ministérielle et non au regard des suspensions ordonnées par l'autorité militaire, en cas d'état de siége, qui sont corrélatives à ces mesures, et défensives des infractions qui y sont commises ; qu'infirmer cette jurisprudence, fondée sur l'interprétation de la loi, ce serait consacrer la théorie qui considère, pendant l'état de siége, le pouvoir militaire comme armé dans ce cas du droit de se faire justice par la force, alors que ce pouvoir n'est qu'un pouvoir subrogé au pouvoir civil, avec l'attribution légale de certaines attributions exceptionnelles qui n'appartiennent pas à ce dernier, et que l'infraction à ce pouvoir est sanctionnée par les pénalités contenues dans la législation actuelle.

« Qu'une pareille doctrine aurait pour résultat, sous prétexte de le fortifier, de transformer le pouvoir légal en un pouvoir de fait, au-dessus des lois, et en même temps celui de l'affaiblir en lui enlevant la légalité de son origine et la force des sanctions pénales destinées à assurer l'efficacité de ses actes, contre des infractions dont lui-même est le juge, par les conseils de guerre ou par les tribunaux civils qu'il n'a pas dessaisis.

« Par ces motifs,

« Faisant à Simon l'application de l'article 20 du décret du 17 février 1852,

« Le condamne en un mois d'emprisonnement et 2,000 francs d'amende ; le condamne, en outre, aux dépens. »

§ 2. — *Publication, sur le territoire soumis à l'état de siége, d'un journal interdit par l'autorité militaire.*

11. Le journal *le Corsaire*, dont la publication avait été interdite par M. le gouverneur de Paris, avait été imprimé de nouveau, à Paris, sous le titre d'*Avenir national*. Le ministère public vit là une infraction qu'il déféra au tribunal correctionnel de la Seine (10ᵉ chambre), lequel, après avoir statué sur plusieurs autres contraventions, reprochées au *Corsaire* (1), reconnut par jugement en date du 28 juin 1873, dans les faits de la prévention, une violation de l'arrêté de l'autorité militaire, décida que la seconde feuille n'était que la continuation de la première, et appliqua au gérant, ainsi qu'à l'imprimeur les dispositions de l'article 20 du décret du 9 février 1852 (2).

12. Dans une espèce analogue, le tribunal correctionnel de la Seine (8ᵉ chambre) rendit, le 16 décembre 1873 (3), un jugement rapporté ci-dessous (4), aux termes duquel la loi du

---

(1) *Gazette des Tribunaux*, du 29 juin 1873.

(2) « Attendu qu'il résulte en outre de l'information..... preuve, contre Brun,
« d'avoir, à Paris, du 9 au 20 juin 1873, publié, comme gérant, sous le titre
« l'*Avenir national*, le journal *le Corsaire*, qui avait été supprimé par arrêté
« de M. le général gouverneur de Paris, en date du 8 juin 1873 ;
. « Attendu qu'il en résulte..... contre Dubuisson et Masquin... d'avoir, le
« 20 juin 1873, imprimé le journal *le Corsaire*, sous le titre d'*Avenir na-*
« *tional*.....

Le jugement, examinant ensuite les faits, desquels il semblait résulter que la seconde feuille n'était que la continuation de la première, disposait :

« Qu'il (Brun) a ainsi continué la publication d'un journal supprimé, sous
« un titre déguisé.

« Attendu que ces faits constituent les contraventions prévues par les arti-
« cles 2, 3, 7 de la loi du 6 juillet 1871, et 20 du décret du 17 février 1852 ;
« Condamne Brun à deux ans de prison et 50 fr. d'amende, etc ; »

(3) *Gazette des Tribunaux* du 17 décembre 1873.

. (4) « Attendu que Miot-Frochot, muni d'une autorisation prorogée, à lui dé-
livrée par le gouverneur de Paris, a, le 27 octobre dernier, de concert avec
Privé et Masquin, publié, sous le titre de *la Ville de Paris*, le journal *l'Avenir national*, dont la publication avait été interdite, le 25 du même mois,
par arrêté dudit Gouverneur, pour excitation à la guerre civile, dans un article intitulé : *A bas Chambord* ;
« Que Privé, gérant du journal *l'Avenir national*, a fourni à Frochot la
composition de ce journal, qui était déjà sur le marbre ;

11 mai 1868 n'a pas abrogé l'interdiction de publication ou
les mesures analogues, telles que la suspension ou la sup-

« Que Masquin, imprimeur de cette feuille, lui a sciemment prêté ses
presses pour en faire l'impression ;

« Qu'elle a été faite avec les mêmes caractères, sur un papier du même
format, puis adressée aux abonnés de l'*Avenir national* sous ses bandes, et
mise en vente au même prix de vente et d'abonnement ;

« Qu'enfin les trois prévenus, qui se retranchent aujourd'hui dans un
système de bonne foi et de fausses apparences, non acceptable en matière de
contravention, ont, dans un article intitulé : *Fluctuat non mergitur*, et dans
celui qui le suit : *Haut le pavillon*, embarqué, dans cette feuille qu'ils com-
parent à un vaisseau, les nouveaux matelots et les naufragés recueillis sur
son bord, c'est-à-dire l'ancienne rédaction ;

« Qu'il s'en suit que les trois prévenus ont continué, sous le titre déguisé
de *Journal de Paris*, la publication du journal *l'Avenir national*, frappé
d'interdiction de paraître ;

« Qu'en conséquence, ils ont contrevenu aux dispositions de l'article 20
du décret du 17 février 1852 ;

« Qu'en effet la loi du 11 mai 1868, abrogative de la suspension et de la
suppression du journal, tant par voie de décision ministérielle que par décret du chef de l'État, n'est point abrogative des suspensions, résultant de
l'interdiction de paraître, prononcées par l'autorité militaire, en vertu des
pouvoirs exceptionnels de police et de sûreté qui lui sont conférés par
l'art. 9 de la loi du 11 août 1849, organique de l'état de siége ;

« Que le droit d'interdiction dont elle est investie, indépendamment de
l'attribution des pouvoirs civils qui lui sont temporairement transférés pendant la période de l'état de siége, n'a été modifié, ni dans les termes, ni
dans l'esprit de la loi de 1868 ;

« Que cette loi s'est bornée à substituer au régime dictatorial du décret
de 1852 un régime de liberté, et à enlever au pouvoir politique, dans un
*t*emps régulier, le pouvoir de suspendre et de supprimer les journaux ;

« Qu'aussi, dans son article 16, le législateur n'a abrogé expressément que
les articles 1er et 32 du décret du 17 février 1852, à la différence de l'art. 20
du même décret, qui n'est abrogé que partiellement et par voie de contrainte
des dispositions ;

« Qu'en conséquence, le principe d'abrogation qui le régit, loin d'être absolu dans ses effets, n'est que relatif ;

« Qu'il s'en suit que la loi de 1868 a laissé subsister les attributions exceptionnelles de pouvoir, conférées à l'autorité militaire, aussi bien que les
sanctions pénales qui sont afférentes à son infraction ;

« Attendu que l'interdiction de paraître est un similaire de la suspension ;

« Qu'il en résulte que la sanction de l'infraction à un arrêté de l'autorité
militaire subsiste dans l'art. 20 du décret du 17 février 1852

« Qu'il en est autrement, toutefois, de la suppression d'un journal qui,
atteignant à la fois son titre, ses contrats d'abonnement, son existence présente et future, anéantit la propriété de l'entreprise ;

« Que cette suppression, non comprise dans les attributions réservées au
pouvoir militaire, par l'art. 9 de la loi de 1849, n'est plus, dans l'état actue
de la législation, une mesure de police administrative, mais uniquement une
peine dont l'application appartient exclusivement au pouvoir judiciaire,
comme sanction des délits et des crimes qualifiés par la loi ;

« Le tribunal, par ces motifs, faisant aux prévenus l'application de l'ar-

pression, qu'a le droit de prendre l'autorité militaire, par application de la loi organique sur l'état de siége ; l'interdiction de publication est plutôt similaire de la suspension que de la suppression, laquelle atteint la propriété même du journal, constitue une véritable peine, et ne peut par suite être prononcée que par les juges correctionnels.

13. Nous devons, pour n'omettre aucune des décisions judiciaires rendues en cette matière, mentionner un jugement du tribunal correctionnel de Semur, en date du 2 avril 1874 (1), s'appliquant à une espèce analogue :

Par arrêté du 6 janvier 1874, M. le général Goze, commandant à Dijon la 15ᵉ division militaire, avait interdit la publication du journal *l'Écho de l'Auxois*. Le 25 janvier suivant, le sieur Verdot, gérant dudit journal, avait fait paraître une nouvelle feuille, ayant pour titre : *Le Journal de Semur*, qui n'était, d'après la prévention, que la continuation de l'*Écho de l'Auxois*. — Par des considérations identiques à celles que nous avons analysées aux nᵒˢ 6 et 7, en reproduisant le jugement du tribunal correctionnel de Sens, du 19 novembre 1873, le tribunal correctionnel de Semur décida que la similitude du *Journal de Semur* et de l'*Écho de l'Auxois* était complète ; et, faisant application de l'article 20 du décret du 17 février 1852 au gérant Verdot, lequel était en outre prévenu d'avoir publié son journal sans cautionnement, et d'avoir ainsi contrevenu à l'article 7 de la loi du 6 juillet 1871, le condamna en 100 francs d'amende, pour chaque numéro paru, c'est-à-dire en 900 francs d'amende.

Cette décision n'a pas été frappée d'appel.

14. Le jugement du 28 juin 1873 (nᵒ 11) qui précède, fit naître une intéressante question : La publication du journal *le Corsaire* ayant été reprise, six mois après l'arrêté d'interdiction, le gérant et l'imprimeur de cette feuille se demandèrent quelle était la durée de l'interdiction de publication.

---

ticle 20 du décret du 17 février 1852, et de l'art. 463, en raison des circonstances atténuantes ;

« Condamne Miot-Frochot en 2000 fr. d'amende ; Privé en 1,000 fr. d'amende ; Masquin en 500 r. d'amende, solidairement entre eux

« Prononce la confiscation du numéro saisi et de ceux qui pourraient l'êtr

« Les condamne en outre solidairement aux dépens. »

(1) *Gazette des Tribunaux* des 6-7 avril 1874.

Une consultation rédigée par plusieurs jurisconsultes, et qui se trouve dans le numéro du 22 décembre 1873, du journal *le Bien Public*, émit l'avis que la suspension est une peine temporaire et passagère et que sa durée ne doit pas être supérieure à six mois (1).

Le tribunal correctionnel de la Seine (8ᵉ ch.) a repoussé

---

(1) Si la loi du 9 août 1849 n'a pas fixé les limites *minimum* et *maximum* de l'interdiction, le législateur, dans le rapport qui accompagne cette loi et l'explique, a déclaré formellement et à plusieurs reprises que le droit accordé à l'autorité militaire était celui *d'interdire momentanément*, que *l'interdiction ne serait que passagère*. D'ailleurs les lois existantes indiquaient les limites des pénalités dont pouvaient être frappées les publications, puisqu'elles prononçaient que la durée de la suspension ne pouvait excéder deux mois ni être moindre de dix jours (Loi du 18 juillet 1828 confirmée par la loi des 27-29 juillet 1849). Ce qui faisait considérer comme un *droit énorme* par le législateur ce droit d'interdiction accordé à l'autorité militaire, c'est que « les commandants militaires peuvent prendre cette mesure, *sous leur responsabilité*, » alors qu'en l'état régulier et normal elle ne peut être édictée que par les tribunaux, accordant aux citoyens les garanties de la procédure et des débats contradictoires.

Si, en vertu de l'état de siége, il appartient à l'autorité militaire d'appliquer la loi, par exception d'attributions, il ne lui appartient pas de la modifier, de l'altérer ou d'en arrêter les effets. Dans aucun cas, la suspension n'a été illimitée. Elle a été réglée successivement par les lois du 18 juillet 1828 (art. 15), du 19 septembre 1835 (art. 12), des 27-29 juillet 1849 (art. 15) par le décret du 17 février 1852 (art. 32), qui tous lui ont donné pour maximum la durée de deux mois, et enfin par la loi du 11 mai 1868, actuellement en vigueur, qui en fixe le *minimum* à quinze jours et le *maximum* à deux et à six mois. L'interdiction d'une publication, assimilée par les juges de la cour d'appel de Paris et du tribunal correctionnel (8ᵉ chambre) à la suspension, ne saurait être illimitée, sans se changer en une suppression qu'il n'appartient expressément et exclusivement qu'à l'autorité judiciaire de prononcer dans des cas déterminés. La durée de cette interdiction ou suspension, alors qu'elle n'a pas été fixée par les tribunaux ou l'autorité militaire, ne peut légalement excéder six mois, aux termes de la loi du 11 mai 1868, dont l'action n'est pas suspendue par le fait de l'état de siége, réserve faite pour l'autorité militaire du droit d'appliquer la loi au lieu et place de l'autorité civile.

En conséquence, l'interdiction n'étant dans l'esprit du législateur qu'une suspension momentanée, et suivant la doctrine des juges de la cour d'appel et du tribunal correctionnel de Paris qu'une suspension assimilée à celles édictées par les lois du 18 juillet 1828, du 9 septembre 1835, du 27 juillet 1849; d'autre part la durée maximum de la suspension, aux termes de l'article 12 de la loi du 11 mai 1868, étant de six mois, si la peine est encourue pour provocation aux crimes prévus par les articles 86, 87 et 91 du Code pénal, pour le délit prévu par l'article 9 de la loi du 17 mai 1819, comme pour tous autres faits, tout journal frappé d'interdiction par l'autorité militaire, à raison de ces provocations, délits ou faits quelconques, peut considérer la durée de sa suspension légalement expirée au bout de six mois, et il a le droit de reprendre sa publication, s'il a satisfait aux dispositions contenues dans le paragraphe 4 de l'article 12 de la loi du 11 mai 1868.

cette manière de voir par jugement (1), en date du 30 décembre 1873 (2). Après avoir de nouveau affirmé la similitude existant

---

(1) *Gazette des Tribunaux* du 31 décembre 1873.

(2) « Le Tribunal,

« Attendu qu'il est constaté par le procès-verbal du 25 décembre courant, dressé par le commissaire de police délégué, qu'il a été saisi dans l'imprimerie de Masquin :

« 1° De mille sept cents à deux mille numéros du journal *le Corsaire* du 24 décembre, dont partie était en paquets et partie sous bandes, à l'adresse de ses abonnés ;

« 2° Cent cinquante numéros du même journal, en date du 25 décembre ;

« 3° Deux feuilles s'appliquant au tirage de ces numéros, affichées sur le mur de l'atelier ;

« 4° Leurs épreuves trouvées entre les cases de la composition ;

« Qu'il résulte du même procès-verbal, que Lacoste, sous-directeur de cette imprimerie, s'est opposé à la sortie du numéro du 24 décembre, malgré la sommation par huissier qui lui a été faite, à la requête de Deguerle, gérant du *Corsaire*, et de Leblanc, son administrateur ;

« Mais attendu qu'il résulte aussi de ses déclarations que les inculpés ont emporté, dans leurs poches, un certain nombre de ces numéros ;

« Que le numéro du *Corsaire*, dans son article du 25 décembre, tout en constatant que la plupart de ses confrères avaient annoncé que le *Corsaire* avait reparu le 24, fait cet aveu public, que les divers numéros du 24, reçus par les divers journaux, n'étaient que des épreuves ;

« Attendu qu'il est constant que le journal *la Liberté* et le journal *le National* ont reproduit des passages de ces numéros ;

« Que le numéro du jeudi 24 décembre a été déposé au parquet ;

« Que la publicité des journaux a lieu tout aussi bien par voie de distribution à la main que par voie de distribution par la poste, et de reproduction soit totale, soit partielle ;

« Qu'il est établi dès lors, que les deux numéros du *Corsaire* du 24 et du 25 décembre, ont été publiés, soit en totalité, soit en partie, par Deguerle, avec la complicité de Masquin, qui a sciemment prêté ses presses pour ce but, au mépris de l'arrêté d'interdiction du gouverneur de Paris ;

« Que l'opposition de Lacoste à la sortie du numéro dont s'agit, malgré la sommation de Deguerle et de Leblanc, n'a été qu'un moyen apparent, employé par la direction du *Corsaire* pour dissimuler la publicité du numéro du 24 décembre, qui a été obtenue par voie de distribution à la main et de reproduction, sans que le dépôt en ait été fait préalablement ;

« Attendu que les prévenus, dans la consultation vraie ou prétendue qu'ils ont publiée, invoquent pour légitimer leur entreprise, les dispositions diverses de lois sur la presse, qui ont régi et qui régissent la durée de la suspension des journaux, spécialement celles contenues dans l'article 12 de la loi du 11 mai 1868 qui fixent sa durée, dans les cas où elle est édictée à titre de peine et applicable avec ce caractère, par le pouvoir judiciaire ;

« Qu'ils argumentent aussi des décisions du tribunal ;

« Mais attendu que ces dispositions, quant à la durée de la peine de la suspension, sont inapplicables à la durée des interdictions de paraître, ordonnées par l'autorité militaire, par voie d'arrêté pendant la période de l'état de siège ;

« Que la similitude existant entre l'interdiction et la suspension judiciaire, n'est que relative en ce qui touche leur durée ; qu'en effet, la durée de l'interdiction n'est limitée que par la levée de l'état de siège ou par l'arrêté de

entre l'interdiction de publication et la suspension, dont les
effets sont, disait-il, dans les deux cas, temporaires, mo-
mentanés, et dont les caractères sont identiques, le jugement insista sur la différence qui distinguait ces deux mesures, au point de vue de la durée de leurs effets : la première
ne prenant fin que par la levée de l'état de siége, ou par
un arrêté prononçant la mainlevée de l'interdiction : la
seconde ayant été prononcée par une décision judiciaire, et
se trouvant dès lors comprise entre un maximum et un
minimum.

15. La cour de Paris (ch. des appels de pol. corr.), prési-
dée par M. le conseiller Mahler (1), fut également appelée à
examiner la question, le 26 février 1874 (2). Elle recon-

mainlevée de cette interdiction ; à la différence de la peine de la suspension,
dont la durée est déterminée par la décision judiciaire, limitée elle-même par
les minimum et les maximum dans lesquels se meut son pouvoir restreint ;

« Que cette variété dans la durée des interdictions et des suspensions, ne
leur enlève pas leur caractère similaire, ni leurs effets temporaires et mo-
mentanés ;

« Attendu que les décisions de justice, dont argumentent les prévenus,
n'ont pas méconnu ces principes ;

« Que c'est donc à tort que le gérant et l'imprimeur du journal *le Corsaire*
s'attribuent le droit de reparaître en considérant la durée de leur suspension
comme légalement expirée :

« Qu'ils confondent, dans l'intérêt de leur thèse, l'administratif et le judiciaire, les caractères légaux des interdictions et des suspensions, les pénalités et leur durée légale, avec des mesures de police dont la durée est soumise aux opportunités de la politique, et font, sous prétexte de droit, opposition à la loi et infraction aux arrêtés administratifs légalement pris ;

« Qu'il en résulte qu'en publiant les numéros des 24 et 25 décembre,
Deguerle et Masquin ont continué, sous le même titre, la publication du
journal *le Corsaire*, frappé d'interdiction administrative par un arrêté pris
par l'autorité militaire, en vertu des pouvoirs exceptionnels qui lui sont
conférés par l'article 9 de la loi du 11 août 1849, organique de l'état de siége,
contravention réprimée par l'article 20 du décret du 17 février 1852 ;

« Condamne Deguerle en 2,000 francs d'amende par chaque contravention,
soit 4,000 francs ;

« Condamne Masquin en 2,000 francs d'amende par chaque contravention,
soit 4,000 francs, solidairement entre eux ;

« Ordonne la publication du présent jugement dans les journaux *les Débats*,
la Patrie, *le Figaro*, *le Constitutionnel*, *la Gazette des Tribunaux*, *le Droit*,
la Presse, *la Liberté*, *le Moniteur universel* et *le Français*, aux dépens des
condamnés ;

« Les condamne solidairement, en outre, aux dépens. »

(1) *Gazette des Tribunaux* du 1er mars 1874.

(2) « La Cour,

« Vu toutes les pièces du procès et vidant le délibéré ordonné à la dernière
audience

ñut que la mesure prise par le gouverneur de Paris, le 8 juin 1873, ne devait pas être limitée à un maximum de

---

« Statuant sur l'appel interjeté par Masquin du jugement contre lui rendu, et y faisant droit ;

« Considérant que, par arrêté du 8 juin 1873, régulièrement notifié, le général commandant la première division militaire, gouverneur de Paris, a interdit la publication du journal quotidien *le Corsaire*, en vertu des pouvoirs qui lui sont conférés par la loi du 9 août 1849 ;

« Considérant que cet arrêté n'a assigné aucun terme à cette suspension ; qu'il n'a point non plus été rapporté par le gouverneur de Paris, et qu'enfin l'état de siége subsiste actuellement encore ; qu'en conséquence, la publication du journal *le Corsaire* n'a pas cessé d'être interdite sous les peines de droit ;

« Qu'il est à tort prétendu qu'aux termes de la loi du 11 mai 1868, la durée de la suspension la plus longue ne pouvant dépasser six mois, le journal *le Corsaire*, frappé à la date du 8 juin 1873, avait le droit de reparaître dès le 8 décembre suivant, à moins qu'un nouvel arrêté de suspension ne fût pris à son égard, ce qui n'a pas eu lieu ;

« Considérant en effet que si l'article 12 de la loi du 11 mai 1868 a fixé pour la durée de la suspension des journaux, prononcée par l'autorité judiciaire, un minimum et un maximum qui varient suivant les cas, cette loi n'a apporté aucune restriction aux pouvoirs attribués à l'autorité militaire, quand il y a état de siége, et que la loi du 9 août 1849 est restée pleinement en vigueur avec tous ses effets.

« Considérant que deux numéros dudit journal *le Corsaire*, portant les dates des 24 et 25 décembre 1873, ont été imprimés et tirés les 23 et 24 décembre, mais qu'il n'est pas suffisamment établi que le numéro du 25 décembre ait été publié par un des moyens qu'a déterminés la loi ; qu'il y a donc lieu de déclarer la prévention mal fondée quant à la seconde infraction retenue par le jugement dont est appel, et que Masquin doit être déchargé de la condamnation à 2,000 francs d'amende prononcée sur ce chef ;

« Mais considérant que c'est avec raison que les premiers juges ont déclaré que le numéro du 24 décembre a été publié à Paris ; qu'il y a à cet égard preuve judiciaire résultant des faits relevés par le jugement et reconnus constants par la Cour ;

« Qu'il est donc établi que le journal *le Corsaire*, à qui il était interdit de paraître, a été publié sous son titre à Paris, le 23 décembre 1873, sous la date du lendemain 24 décembre ;

« Considérant que Masquin, qui connaissait l'interdiction dont était frappé le journal *le Corsaire*, a imprimé ledit numéro du 24 décembre sachant qu'il devait être publié ; que ce fait constitue à sa charge la contravention prévue et réprimée par l'article 20 du décret du 17 février 1852 ;

« Considérant qu'on soutient, il est vrai, que cet article ne prévoyant que le cas de suppression ou de suspension administrative ou judiciaire ne s'applique pas au journal qui reparaît, nonobstant une interdiction de publication prononcée par l'autorité militaire, en vertu de la loi sur l'état de siége, et que cette interdiction est restée, après le décret de 1852, dépourvue de sanction pénale, comme elle l'était auparavant ;

« Mais considérant qu'avant la loi du 9 août 1849, les journaux étaient suspendus et même supprimés par l'autorité militaire, quand il y avait état de siége ;

« Que cette loi n'a eu d'autre but que de consacrer à l'avenir la légalité

six mois, mais subsister, ainsi que toute interdiction édictée par l'article 9 de la loi du 9 août 1849, tant que l'arrêté de l'autorité militaire ne serait pas rapporté. — Examinant ensuite la contravention reprochée aux prévenus, et
relatée dans le jugement du 16 décembre 1873, l'arrêt posait
en principe qu'une sanction est indispensable pour réprimer

---

des mesures que peut nécessiter l'état de siége, telles qu'elles avaient été
appliquées, et que, quand l'article 9 a conféré à l'autorité militaire le droit
d'interdire les publications qui seraient de nature à exciter ou entretenir le
désordre, ces expressions, prises en elles-mêmes, éclairées par la discussion
qui a précédé la loi, et interprétées par ce qui s'était pratiqué en juin 1848
et juin 1849, équivalent virtuellement, en ce qui concerne les journaux, à ce
que les lois sur la presse, soit antérieures, soit postérieures, ont appelé suspension ;

« Considérant que la loi du 9 août 1849 était, sans doute, dépourvue de
sanction pénale sur ce point ; mais qu'il en était de même des infractions
aux décisions judiciaires qui, en vertu des lois sur la presse, frappaient un
journal de suspension ou de suppression dans certains cas déterminés ; que
la loi du 13 août 1850 sur le régime de la presse dans les colonies a, pour
la première fois, frappé d'une peine les journaux qui, nonobstant la suspension, continueraient de paraître ;

« Considérant que le législateur de 1852, quand il a organisé la presse par
le décret du 17 février, a eu précisément pour but, dans l'article 20, d'atteindre des infractions qui avaient jusque-là échappé à toute pénalité ;

« Considérant que les dispositions de cet article sont générales et absolues,
qu'elles atteignent sans exception toute publication du journal faite au mépris d'une interdiction légale, quelle que soit la loi en vertu de laquelle le
journal a été frappé et quelle que soit l'autorité qui ait prononcé cette
interdiction, pourvu que cette autorité ait agi dans les limites de ses attributions ;

« Qu'il est impossible d'admettre que le législateur de 1852, qui a voulu,
par des peines sévères, assurer le respect des décisions qui ordonnent à un
journal de cesser sa publication, ait réservé l'impunité aux personnes qui
continueraient de publier, sur un territoire soumis à l'état de siége, un
journal suspendu par l'autorité militaire, comme dangereux pour l'ordre public ;

« Considérant enfin que la loi du 11 mai 1868, en enlevant à l'autorité
administrative le pouvoir, qui lui avait été antérieurement accordé,
de supprimer ou de suspendre les journaux dans certains cas déterminés,
n'a modifié en rien l'art. 20 du décret du 17 février 1852 pour tous les cas
où un journal reparaîtrait au mépris d'une interdiction légalement prononcée ;

« Met l'appellation et ce dont est appel au néant en ce que Masquin a été
condamné à deux mille francs d'amende pour le numéro du journal le Corsaire du 25 décembre 1873 ;

« Emendant quant à ce, le décharge de ladite condamnation ;

« Ordonne que, relativement au numéro du 24 décembre 1873, le jugement
dont est appel sortira son plein et entier effet ;

« Maintient en conséquence la condamnation à deux mille francs d'amende
prononcée contre Masquin pour ledit numéro ;

Et condamne Masquin aux frais de son appel. »

les contraventions dont il vient d'être parlé ; qu'une publication, jugée nuisible, ne pouvait, dans des temps troublés, et sur un territoire soumis exclusivement aux lois rigoureuses de l'état de siége, reparaître impunément et braver en quelque sorte la prohibition, dont il avait été l'objet ; que la sanction se trouvait, ainsi que les premiers juges l'avaient proclamé, dans l'article 20 du décret de 1852, puisque, d'une part, les ordres émanant du gouverneur militaire ne pouvaient pas être dépourvus de sanction, et que, d'autre part, l'interdiction de publication équivaut virtuellement à la suspension, dont parle l'article 20 : Que ce texte a été précisément édicté en vue de réprimer les infractions de cette nature, existant déjà dans l'ancienne législation ; mais qui, jusqu'en 1852, échappaient à toute pénalité.

16. La Cour de cassation a ensuite, sur les conclusions conformes de M. l'avocat général Bédarrides, rendu, le 10 avril 1874 (1), l'arrêt suivant, qui mérite d'être médité, dont l'importance n'échappera à personne, et qui tranche les diverses questions précédemment agitées devant les tribunaux de Sens ou de Paris, ainsi que devant la Cour d'appel. Cet arrêt est, en quelque sorte, l'*État civil* de l'état de siége. Il combat l'assimilation proposée entre l'interdiction de publication, d'une part, et la suspension ou la suppression, d'autre part, et décide que l'autorité militaire ne peut, en cette matière, que recourir à l'emploi de la force, pour assurer l'exécution de ses arrêtés. Cette décision souveraine pose désormais la règle qui doit régir cette partie de notre législation.

L'arrêt du 10 avril 1874 résume les questions posées aux nos 6-15, ainsi que toutes les difficultés exposées jusqu'à cette partie de notre travail. En voici la teneur :

« La Cour,

« Ouï M. le conseiller Lascoux en son rapport ; Me Sabatier, avocat, en ses observations, et M. l'avocat général Bédarrides, en ses conclusions ;

« Vu les conclusions produites à l'appui du pourvoi, et après en avoir délibéré en chambre du conseil ;

---

(1) *Gazette des Tribunaux* du 18 avril 1874.

« Attendu que, par arrêt du 25 octobre 1874, pris en vertu de l'article 9 de la loi du 11 août 1849 sur l'état de siége, le gouverneur de Paris a *interdit la publication* du journal l'*Avenir national*, dont Privé était le gérant ;

« Attendu que Privé ayant, malgré cet arrêté, continué à faire paraître son journal sous un titre nouveau, a été poursuivi devant la juridiction correctionnelle et condamné à une amende ;

« Attendu que, la loi sur l'état de siége n'édictant aucune peine contre le fait reproché à l'inculpé, l'arrêt attaqué a été obligé d'emprunter la peine prononcée à une loi étrangère à l'état de siége, c'est-à-dire au décret du 17 fevrier 1852 ; et d'assimiler l'interdiction dont parle la loi de 1849, à la suppression ou à la suspension, dont parle le décret de 1852 ;

« Attendu, d'une part, que les Tribunaux de répression sont institués pour appliquer les lois existantes, non pour combler les lacunes qui peuvent exister dans la législation, et que les lois pénales ne sauraient être étendues par analogie d'un cas à un autre ;

« Attendu, d'autre part, qu'il n'est pas exact d'assimiler l'*interdiction* permise par le législateur de 1849 à la *suppression* ou à la *suspension* permises par le législateur de 1852 ;

« Que ces deux mesures sont au contraire essentiellement différentes, soit dans leur principe, soit dans leurs effets : l'une exceptionnelle et prise pour les temps difficiles et troublés, l'autre générale s'appliquant à une situation régulière et tranquille ; l'une dépendant uniquement de la volonté du commandant de l'état de siége et produisant immédiatement tout son effet, l'autre appartenant à l'autorité judiciaire qui, depuis la loi du 11 mai 1868, a seule le droit de la prendre, et soumise par cela même à des formalités

ou des lenteurs incompatibles avec le régime de l'état
de siége ; l'une exécutoire seulement dans le rayon de
l'état de siége, l'autre exécutoire dans toute la France ;
l'une pouvant frapper toutes les publications, journaux,
livres et brochures, l'autre restreinte aux publications
de la presse périodique ;

« Attendu, d'ailleurs, que l'autorité militaire qui,
une fois l'état de siége déclaré, dispose de la force publique et concentre en ses mains tous les pouvoirs né-
cessaires au maintien de l'ordre et de la police, peut
par elle-même assurer l'exécution des arrêtés qu'elle a
pris dans les limites légales de ses attributions ;

« Attendu que de ce qui précède, il résulte que
l'arrêt attaqué, en infligeant à Privé la peine édictée
par l'article 20 du décret du 17 février 1852, a fausse-
ment appliqué et, par suite, formellement violé ledit
article ;

« Casse et annule ledit arrêt rendu par la Cour de Paris, le
20 février 1874, et pour être fait droit conformément à la loi,
renvoie la cause et les parties devant la Cour d'appel d'Orléans, chambre correctionnelle, etc.

« Ainsi jugé, etc. »

17. Par suite de cette décision, l'affaire fut renvoyée devant
la Cour d'appel d'Orléans, qui, par arrêt (1) du 27 mai

---

(1) « Attendu que, par arrêté en date du 24 octobre 1873, dûment notifié, le
général commandant la première division militaire, gouverneur de Paris,
agissant en vertu des pouvoirs qui lui sont conférés par la loi du 9 août 1849
sur l'état de siége, a interdit la publication du journal quotidien l'Avenir
national;

« Que dans la soirée du même jour, Miot-Frochot, qui était muni de l'autorisation de publier un journal sous le titre de : la Ville de Paris, s'étant
abouché avec Privé, gérant, et Masquin, imprimeur de l'Avenir national, la
composition du numéro qui était sur le marbre, d'accord entre eux et de l'autorisation formelle de Privé, fut tirée après avoir subi quelques modifications, et
parut le lendemain 26, sous la date anticipée du 27, avec le titre la Ville de
Paris, et la signature Miot-Frochot ;

« Que cette feuille, imprimée dans le même format, avec les mêmes carac-

1874, établit que l'interdiction de publication, et la suspension, dont les effets sont, il est vrai, analogues dans une certaine mesure, sont cependant au fond, d'ordre, de durée et de caractère différents : Que l'article 20 du décret du 17 février 1852 est sans relation avec l'article 9 de

---

tères, sur même papier et par la même presse que l'*Avenir national*, contenant la plus grande partie de la composition préparée pour ce journal, n'était autre que l'*Avenir national* lui-même, continuant à paraître au mépris de l'interdiction dont il était frappé ; que la saisie, opérée dans les bureaux de la poste, de plusieurs exemplaires, placés sous bandes dudit journal l'*Avenir national,* imprimées à l'avance à l'adresse des abonnés, ne laisse aucun doute à cet égard ; d'où résulte une infraction à l'arrêté précité du gouverneur de Paris, qu'à bon droit le jugement a relevée à la charge de Privé ;

« Mais, attendu qu'assimilant à tort l'interdiction de publication que l'autorité militaire peut prononcer pendant l'état de siége, aux termes de la loi du 9 août 1849, à la suspension administrative prévue en l'article 20 du décret du 17 février 1852, il a fait mal à propos application au prévenu des dispositions pénales de cet article ;

« Attendu, en effet, qu'en matière de presse, l'interdiction qui, dans sa généralité prohibitive, peut frapper, soit avant, soit après leur apparition les écrits de toute sorte, ne saurait être confondue avec la suspension, qui est uniquement interruptive et restreinte aux écrits périodiques ;

« Qu'il est à reconnaître, il est vrai, que dans l'hypothèse où elle est applicable, alors qu'il s'agit, comme au procès, d'un journal en cours de publication, la suspension atteint le même but immédiat que l'interdiction ; mais que là s'arrête l'analogie de ces mesures, et que par leur principe, leur origine, par l'étendue et la portée de leurs effets, elles demeurent d'ordre différent :

« Que l'interdiction émanant de l'autorité militaire investie, en cas de péril imminent, de pouvoirs exceptionnels et passagers, est une mesure préventive d'ordre et de police qui procède d'urgence, sans préliminaires ou formalités préalables, et puise sa raison d'être dans une situation actuellement menaçante pour la sécurité publique, dont le commandant de l'état de siége, qui en a la responsabilité, apprécie en maître absolu les exigences, tandis que la suspension émanant du pouvoir civil, prononcée tantôt par les tribunaux, à titre de peine principale ou accessoire, tantôt par l'administration, après poursuites, condamnations ou avertissements, a toujours été dans nos lois une mesure de droit commun et de caractère répressif, réservée aux autorités ordinaires et permanentes, statuant suivant des formes obligatoires, dans des cas prévus et limités ;

« Que leur durée n'est pas la même ; que réglée, pour la suspension, par les textes qui confient à l'autorité civile le droit de la prononcer, elle est indéterminée pour l'interdiction laissée à l'arbitraire de l'autorité militaire, et n'a d'autre terme, lorsque cette autorité ne l'a pas elle-même fixé, que la cessation de l'état de siége ;

« Que la suspension, enfin, qui est d'intérêt général, a force exécutoire dans l'étendue du territoire entier ; que l'interdiction circonscrite et localisée ne produit d'effet que dans le rayon soumis à l'état de siége;

« Attendu que de ces rapprochements il ressort qu'entre les deux mesures il peut y avoir analogie produite par un résultat commun, mais que l'identité n'existe pas et que dès lors, l'analogie en matière criminelle n'étant jamais

la loi du 11 août 1849 : Que l'autorité militaire exerce des attributions sans contrôle, lorsqu'elle administre une région en état de siége : Que ses actes dominent ceux de toutes autres autorités : Qu'elle ne peut recourir à une sanction qui ne viendrait pas d'elle-même, et que l'emploi de la force ma-

---

raison juridique, les textes qui s'appliquent à l'une ne sont pas extensibles à l'autre ;

« Que, notamment, les dispositions de l'article 20 du décret de 1852 qui, édictant une sanction aux arrêtés de suspension pris par l'autorité administrative ou judiciaire, sont sans relation avec l'article 9 de la loi de 1849, concernant l'état de siége, qui n'en édicte aucune, et que le juge n'est pas autorisé à emprunter à la première de ces lois, le moyen de combler une prétendue lacune de la seconde ;

« Qu'aussi bien n'est-il pas démontré que cette lacune existe et qu'il ait été dans l'esprit du législateur de donner la protection d'une sanction judiciaire aux arrêtés du commandant de l'état de siége, armé à l'avance de la force matérielle nécessaire pour en assurer l'exécution ; qu'au contraire la nature des pouvoirs mis en ses mains répugne à toute sanction qui ne viendrait pas de lui seul, qui pourrait, s'il avait à l'attendre d'une juridiction indépendante, lui être refusée, par où deviendraient discutables et sujets à critique les actes de ce pouvoir supérieur, dont la condition essentielle est de dominer tous les autres et de l'exercer sans contrôle,

« D'autre part, attendu que la disposition pénale de l'article 20 du décret du 17 février 1852, loin d'être générale et absolue, ne se réfère, en ce qui concerne l'infraction aux mesures de suspension administrative qu'elle punit, qu'aux cas visés et prévus dans les articles 19, 24 et 32 du même décret ;

« Qu'on en trouve la démonstration dans l'exposé des motifs de la loi du 11 mai 1868, où il est dit que par l'effet de l'abrogation prononcée par ladite loi, de l'article 32 précité du décret de 1852, et l'attribution aux tribunaux de la faculté de suspension accordée par l'article 19 à l'administration, il n'y aura plus à l'avenir de suspension administrative ;

« D'où la conséquence que cette suspension administrative, que l'abrogation de l'article 32 du décret de 1852, et la modification de l'article 19, ont suffi à faire disparaître du régime répressif de la presse, ne se rencontrait dans aucune autre loi en vigueur, et qu'ainsi elle n'est pas implicitement comprise dans l'interdiction que peut prononcer l'autorité militaire, aux termes de la loi de 1849 ;

« Attendu, au surplus, qu'aujourd'hui, sous le régime et en vertu de la loi du 11 mai 1868, la sanction pénale de l'article 20 du décret de 1852, à laquelle on s'efforce en vain de rattacher l'arrêté du gouverneur de Paris qui interdit l'*Avenir national*, en le comparant à un arrêté de suspension administrative, n'est plus maintenue qu'à l'égard des suspensions prononcées par décision judiciaire ;

« Qu'elle est ainsi sans application à l'infraction commise par Privé ;

« Et attendu que cette infraction ne tombe sous le coup d'aucune autre loi pénale ;

« Par ces motifs,

« Met l'appellation et ce dont est appel à néant ;

« Émendant, décharge l'appelant des condamnations contre lui prononcées ;

« Le renvoie des fins de la plainte. »

(*Gazette des Tribunaux* du 30 mai 1874.)

Voir aussi *Journal du Ministère public*, tome XVII, 1874, n° 1770.

térielle doit lui suffire, pour assurer l'exécution de ses arrêtés : Qu'enfin cette solution s'impose, davantage encore, depuis la promulgation de la loi dn 11 mai 1868, qui ne permet plus de comprendre la suspension administrative, parmi les peines qu'édictait l'article 20 du décret du 17 février 1852.

18. Cette doctrine étant la consécration de celle qui résultait de l'arrêt de cassation du 10 avril 1874, les questions précédentes ne furent plus renvoyées à l'examen de la Cour suprême. L'arrêt de la Cour d'Orléans, que nous venons de rapporter, a terminé cette importante controverse. Enfin, depuis le 27 mai 1874, la justice répressive n'a eu à examiner, ni les difficultés exposées dans les nᵒˢ 5-11, ni celles que nous avons indiquées aux nᵒˢ 11-19.

Tel est le résumé exact et très-complet de la jurisprudence, que nous devions passer en revue, dans la première partie de ce travail.

Du 10 juillet 1791 au 11 août 1849, aussi bien que, depuis le 11 août 1849, jusqu'au 10 avril 1875, époque à laquelle nous écrivons ces lignes, aucun autre jugement, aucun autre arrêt n'a été rendu, en matière correctionnelle, relativement aux infractions commises par la presse, sous le régime de l'état de siége.

Résumant d'un mot les règles de droit, qu'il convient d'énoncer, dans cet ordre d'idées, et qui s'appliquent *à la publication sur le territoire soumis à l'état de siége d'un journal interdit par l'autorité militaire*, nous dirons, qu'en l'absence d'un texte de loi ayant prévu cette catégorie d'infractions, et édicté pour les réprimer, l'emploi des moyens matériels est, quant à présent, la seule arme à la disposition des commandants militaires qui administrent les portions de notre territoire en état de siége. *Sit pro ratione voluntas....*

SECTION II

§ 1er. *Historique de la question.*

19. Il convient maintenant de rappeler l'historique de la législation se référant à cette matière (1).

On sait dans quelles circonstances est intervenue la loi des 9-11 août 1849. Les séances des 7 juillet, 18 juillet, 4 octobre 1848 à l'Assemblée constituante, sont intéressantes à relire.

Des interpellations avaient été faites par les députés *Trousseau, Crespel* et *Xavier Durrieu* à l'Assemblée constituante, à la suite de l'arrestation de M. *Emile de Girardin* et de la saisie des presses de plusieurs journaux.

Peu de temps après, le Gouvernement de cette époque, comprenant qu'il était urgent de procéder légalement, revint aux articles 92, 93 du décret du 24 décembre 1811. Il faut se reporter au rapport fait au Président de la République, par M. le conseiller d'État *Boudet*, pour comprendre sous quelle législation nouvelle on allait se trouver placé.

Après avoir défini quels sont les effets de l'état de siége, sous la loi du 10 juillet 1791, et le décret du 24 décembre 1811, le rapporteur indique quel sera l'esprit de la législation nouvelle :

§ 15. — « Le premier et le plus incontestable des effets de l'état de siége, est, dit-il, de faire passer à l'autorité militaire tous les pouvoirs, dont l'autorité civile était revêtue pour le maintien de l'ordre et de la police. »

Des attributions très-étendues allaient être données aux conseils de guerre, auxquels le rapporteur n'accordait pas pourtant compétence pour juger les délits de presse ; mais, à la suite de la discussion qui eut lieu à l'Assemblée, et malgré les observations de M. *Valette*, la connaissance de ces délits fut déférée aux conseils de guerre.

_____

(1) Voir, sur ce point, les conclusions de M. l'avocat général *Fourchy* qui ont précédé l'arrêt de la cour de Paris, en date du 26 février 1874, rapporté au n° 15 (*Gazette des Tribunaux* du 1er mars 1874).

Un autre droit, que le rapporteur du Conseil d'État justifiait de la manière suivante, fut accordé à l'autorité militaire :

§ 19. — « Nous n'avons pas hésité à accorder à l'autorité militaire, pendant l'état de siége, l'exercice de quelques droits exceptionnels, la faculté de prendre quelques mesures de police, qui n'appartiennent pas, en temps ordinaire, aux magistrats de l'ordre judiciaire. »

§ 21. — « Personne ne comprendrait que, soit dans une place de guerre en présence de l'ennemi, ou de la sédition, soit dans une autre ville et commune de la République, au milieu des circonstances graves qui seules peuvent motiver l'état de siége, l'ennemi extérieur et intérieur pût trouver des auxiliaires et des alliés pour combattre le gouvernement de la République, dans les écrivains qui soutiendraient sa cause et feraient de la propagande en sa faveur, ou dans des réunions où se concerteraient les moyens de favoriser ses projets, et d'où partiraient des influences coupables dans le but de livrer la place, ou de faire triompher l'insurrection. Nous avons accordé à l'autorité militaire le droit énorme, mais nécessaire quand il s'agit de défendre le gouvernement et la société *d'interdire momentanément les publications et les réunions qu'elle jugera de nature à exciter et à entretenir le désordre.* Cette interdiction ne sera que passagère.

« C'est une mesure d'urgence que les commandants militaires pourront prendre sous leur responsabilité en présence du danger.

Le rapporteur de la Commission nommée par l'Assemblée (*M. Fontanier*) disait de même : « Que les effets de l'état de siége consistaient à concentrer tous les pouvoirs dans les mains de l'autorité militaire, et que celle-ci devait avoir le droit d'interdire les publications de nature à exciter et à entretenir le désordre. »

M. *Dufaure*, ministre de l'Intérieur, concédait que, si, en adoptant la loi, on devait rester dans le droit commun, il était parfaitement inutile de faire une loi sur l'état de siége :

« S'il en était autrement, disait-il, lorsque la société sera en péril, elle prendra des mesures pour se défendre; et au lieu d'avoir ces mesures déterminées par une loi, on aura des mesures d'une légalité douteuse. En un mot, la loi sur l'état de siége est la conséquence de la guerre livrée à la société par les factions. »

De même que le rapporteur du Conseil d'État, le ministre

de l'Intérieur pensait que : « C'est le moyen de sauver la société » (1).

20. Il résulte de ces précédents, qu'en 1849, le gouvernement, sacrifiant les principes anciens aux besoins de la paix publique, ainsi qu'à un intérêt de conservation, accorda à l'autorité militaire des pouvoirs considérables.

L'interdiction de certaines publications était, en 1849, considérée, par les esprits conservateurs de l'Assemblée nationale, comme une mesure à la fois urgente et momentanée. On pensait que ce droit devait être attribué, non à des tribunaux qui ne pouvaient que *réprimer* les délits commis, mais à une autorité unique, capable de *prévenir* ces mêmes délits, agissant rapidement, et statuant sans délai (1).

21. Faisons remarquer ici, avant d'aller plus loin, que de la discussion ci-dessus rappelée, résulte une véritable confusion entre la suspension ou la suppression, d'une part, et l'interdiction de publication, d'autre part. Les orateurs ont employé alternativement ces différentes dénominations, qu'ils considéraient comme synonymes, sans prévoir les distinctions qu'on devait invoquer, ou les difficultés qui surgiraient, plus tard.

Telle est l'origine de la loi des 9-11 août 1849. C'est ainsi qu'a pris naissance la compétence de l'autorité militaire, en ce qui concerne la presse, pour les parties de notre territoire qui sont soumises à l'état de siége (2).

§ 2. *L'état de siége.*

22. L'état de siége, tel que le comprend la loi de 1849, est un régime calqué sur celui qui régit une place forte entou-

---

(1) « L'état de siége, si la société est violemment attaquée et mise en péril, « permet les mesures de salut, et les journaux peuvent être suspendus par « l'autorité militaire. » (M. *Geneste*, substitut du procureur général, à Lyon ; discours prononcé le 4 novembre 1872, page 28.)

(2) L'article 9 de la loi des 9-11 août 1849 est ainsi conçu :

« L'autorité militaire a le droit : 1° de faire des perquisitions de jour et de « nuit, dans le domicile des citoyens ; 2° d'éloigner les repris de justice et les « individus qui n'ont pas leur domicile dans les lieux soumis à l'état de « siége ; 3° d'ordonner la remise des armes et munitions et de procéder à leur « recherche et à leur enlèvement ; 4° *d'interdire les publications* et les réu- « nions qu'elle juge de nature à exciter ou à entretenir le désordre. »

rée par l'ennemi (loi du 10 juillet 1791). Le commandant militaire devient aussitôt responsable du salut de tous : il a un pouvoir immense, au moins en ce qui concerne l'ordre et la police de la place ; il peut exécuter tout ce qui lui paraît opportun (art. 95, décret du 24 décembre 1811) ; l'autorité civile n'est plus chargée de la police de la ville, ou du département ; elle disparaît (art. 92 du dit décret), et elle n'intervient même pas pour faire exécuter les prescriptions du gouverneur militaire. C'est celui-ci qui se charge de donner une sanction à ses ordres, et il la trouve dans les hommes armés qu'il commande.

On a prétendu que cette situation n'était pas précisément celle du régime, auquel sont aujourd'hui assujettis 43 départements français ; on a soutenu que l'état de siége n'était que l'état de guerre *fictif*, et qu'il ne fallait rien exagérer.

Sans doute, cette observation est vraie, si on compare la cause qui motive ces dispositions exceptionnelles avec l'éventualité qu'envisageaient les législateurs de 1791 et 1811. Mais on contesterait vainement que le principe est le même dans les deux cas. Les effets doivent dès lors être assimilés.

23. Il est un autre point qui donne lieu à controverse : celle-ci a pour origine le caractère des mesures émanant de l'autorité militaire, en exécution de l'art. 9 de la loi du 11 août 1849, et plus spécialement la nature propre de l'interdiction de publication, dont parle ce texte (1).

On n'est pas d'accord sur les conséquences qu'il convient de tirer de la loi du 11 août 1849.

24. Dans un premier système, on faisait remarquer, à propos de la poursuite dirigée à Sens contre le journal *le Suffrage universel*, que les pouvoirs de l'autorité militaire constituent quelque chose d'anormal, d'exceptionnel, de supérieur aux pouvoirs de l'autorité judiciaire, et qu'ils n'ont rien d'analogue dans notre législation. Ils rappellent, disait-on, ceux qui étaient donnés aux consuls romains dans les circonstances solennelles : *caveant consules, ne quid detrimenti respublica capiat.* Les arrêtés militaires tiennent le milieu entre le jugement ou l'arrêt, d'une part, et le décret, d'autre part. Ils ont une force plus grande que les premiers, qui peuvent être

_____

(1) Voir note précédente (art. 9 de la loi de 1849).

frappés d'un pourvoi en cassation : Ils n'ont pas, il est vrai, la même puissance qu'un décret.

Cette première opinion peut se résumer ainsi : L'autorité des arrêtés militaires s'étend, au delà de la zone en état de siége, sur tout le territoire de la République. On en donne pour motif, que le Gouvernement exerce, dans ce cas, une véritable *juridiction* (1), et que, par suite, ses décisions doivent produire les mêmes effets que les jugements, c'est-à-dire être exécutoires dans toute la France. — On fait ensuite intervenir les considérations d'ordre public, qui est, dit-on, l'ensemble des règles édictées dans l'intérêt général de la société, ou pour sa conservation. Comment, dès lors, en limiter les effets? Comment ne pas reconnaître qu'ils s'étendent à tous les départements? — On ajoute que l'arrêté d'un gouverneur militaire est assimilable à un arrêté d'expulsion. Le gouverneur militaire, qui résume en lui *tous* les pouvoirs, n'a-t-il pas, en effet, dans une ville en état de siége, des droits au moins égaux à ceux de l'autorité administrative prenant un arrêté d'expulsion? Et, comme il est incontestable que l'arrêté d'expulsion peut recevoir son effet sur tout le territoire de la République, on en conclut qu'il doit en être de même de l'arrêté du gouverneur militaire. Décider que cet arrêté est sans force et sans effet, en dehors de la région en état de siége, c'est mettre les attributions militaires sur la même ligne que celles des préfets, lesquels ne peuvent, par exemple, interdire le colportage des journaux que dans leur propre département, et non dans le département voisin. Enfin, on fait observer que les gérants des feuilles supprimées croient devoir, ainsi que cela eut lieu pour *le Peuple souverain*, changer le titre du journal, alors même que la nouvelle publication a lieu dans une autre division militaire; n'est-ce pas, dit-on, la preuve que les pouvoirs de l'autorité militaire « n'ont pas de Pyrénées ».?

25. D'autre part, on répond que les arrêtés pris par un gouverneur militaire, dans un territoire soumis à l'état de siége, ne sont que des mesures d'ordre et de police, lesquelles ne sauraient produire d'effet hors du territoire soumis à l'état de siége : qu'un arrêté militaire ne peut avoir le caractère général et absolu d'une décision judiciaire ordinaire, et, par

---

(1) Dalloz, *Places de guerre*, n° 38.

suite, être exécutoire dans toute la France. M. le gouverneur de Paris l'a si bien reconnu, ajoute-t-on, qu'après l'arrêté du 4 septembre 1873, par lequel il interdisait la publication du *Peuple souverain* dans la région soumise à l'état de siége, il avait cru devoir prohiber *la vente sur la voie publique et l'introduction du Suffrage universel* (continuation du *Peuple souverain*), dans toute l'étendue de la première division militaire ; d'où on peut inférer que la même défense n'étant pas prise, et ne pouvant pas l'être, pour les autres portions du territoire français évidemment soumises au régime du droit commun, l'arrêté du 4 septembre 1873 y était inapplicable. Tel est en effet le caractère de la différence profonde, qui existe entre un jugement prononcé par un conseil de guerre et un arrêté portant interdiction de la publication d'un journal.

L'arrêté du 5 octobre 1873 est le corollaire de celui du 4 septembre précédent. Il spécifie l'étendue des pouvoirs militaires, il les limite à la prohibition d'introduction et de vente, sur la voie publique, d'un journal supprimé. D'où il suit que, si celui-ci s'était imprimé purement et simplement à Paris, sans être vendu sur la voie publique, et s'il avait ensuite été expédié dans les autres parties de la France, qui ne sont point en état de siége, cela eut été parfaitement licite.

En un mot, l'interdiction de publication n'est pas un *statut personnel* qui suit les journaux hors du territoire en état de siége.

Comment d'ailleurs le droit de l'autorité militaire ne serait-il pas limité au territoire sur lequel elle exerce sa juridiction? Si un trouble se produit, par exemple, à Paris, le gouverneur de cette ville peut-il prendre des mesures dans les départements qui ne sont pas placés sous son commandement ? Assurément non ; car son droit est d'interdire, non pas l'*existence* d'un journal, mais l'*action* de ce journal sur la région, dont il a le gouvernement.

Enfin, on rappelle, qu'avant de quitter le ministère de l'Intérieur, au commencement de l'année 1872, M. Victor Lefranc avait déposé à l'Assemblée nationale un projet de loi, aux termes duquel les journaux, dont la publication serait interdite, sur le territoire d'une division militaire, ne pourraient plus reparaître dans les départements, même non soumis à l'état de siége. Bien que ce projet de loi ait été retiré, on peut conclure de sa présentation que le gouvernement voulait, à cette époque, ajouter à nos nombreuses lois sur la presse une disposition additionnelle qui faisait défaut, et dont la nécessité était comprise par le ministre.

C'est ce dernier système qui a été consacré par la jurisprudence rappelée plus haut.

26. On peut, pour résumer cette première partie de la controverse, relative *à la publication, hors du territoire de l'état de siége, d'un journal interdit par l'autorité militaire*, conclure en disant : 1° Que les arrêtés, pris dans les limites de son commandement, par le gouverneur militaire, n'ont aucune force, ne peuvent produire aucun effet, et que leur exécution n'est assurée par aucune sanction, hors de cette région ; 2° que, si des journaux, dont la publication est interdite, sont introduits dans le territoire en état de siége, les contrevenants ne sont pas justiciables des tribunaux correctionnels ; dans ce cas, l'autorité militaire se suffit à elle-même, pour empêcher et pour réprimer la violation de ses arrêtés ; 3° qu'en admettant qu'on ne puisse pas considérer l'emploi de la force comme une sanction équitable et comme une raison suffisante, il faut aller jusqu'à dire qu'il existe, à ce sujet, une lacune dans notre législation ; que le droit de répression, qui fait actuellement défaut, ne saurait être attribué qu'à une juridiction partageant le caractère de l'autorité judiciaire ordinaire et celui de l'autorité militaire, avec les garanties d'examen et de défense qu'offrent les tribunaux de droit commun. Nous expliquerons plus complètement ces deux derniers points, aux n°⁸ 49-54.

§ 3. — *Définition, nature et caractère des mesures, décisions ou arrêtés prononçant l'interdiction de publication, la suspension et la suppression d'un journal, sous le régime de l'état de siége.*

27. Nous avons à rechercher maintenant, en analysant de plus près les monuments de jurisprudence que nous venons de reproduire, si la suspension et la suppression ont la

même caractère que l'interdiction de publication, prononcée contre un journal.

Dans l'affaire du *Suffrage universel*, le 7 avril 1874 (1), devant le tribunal correctionnel de la Seine (8° ch.), le ministère public ne paraissait faire aucune distinction entre ces mesures et plus spécialement entre l'interdiction de publication et la suspension.

D'après lui, la vente, la distribution, le colportage, la circulation de certains écrits qui sont prohibés constituent la contravention. C'est un acte purement matériel : c'est cette manifestation extérieure que frappe l'autorité militaire, sous le régime de l'état de siége. Et comment l'autorité militaire procède-t-elle ? En arrêtant momentanément la faculté de faire les différents actes qui viennent d'être énumérés.

Dans ce cas il n'y a pas, poursuivait l'orateur, une privation complète du droit, ainsi que cela a lieu pour les aliénés, ou pour la fermeture d'une usine illégalement ouverte ; il n'y a qu'une cessation momentanée, une sorte d'intermittence du droit. Le caractère de la mesure est suspensif; il se remarque aussi bien dans l'article 9 de la loi du 11 août 1849, que dans l'article 20 du décret de 1852. L'esprit de ces textes est le même parce qu'il s'agit, dans les deux cas qu'ils prévoyent, de mesures analogues.

Tout en concédant qu'une nuance distinguait l'interdiction de la suspension ou de la suppression, le ministère public les assimilait pourtant. La durée de la première est limitée par la levée de l'état de siége, ou par un second arrêté rapportant le premier, tandis que la durée des deux dernières se meut entre un maximum et un minimum.

L'examen de la législation ancienne fournit également un argument à l'appui de l'opinion qui n'établit aucune différence entre ces trois mesures. Plusieurs lois ont en effet été rendues en cette matière. La première est une loi du 31 mars 1820 (art. 6 et 7); en vertu de celle-ci, le gouvernement pouvait prononcer des suspensions ou des suppressions administratives. — Les autres portent les dates des 17 et 18 mars 1822 (art. 3), du 18 juillet 1828 (art. 15), du 9 septembre 1835 (art. 19), enfin du 27 juillet 1849.

---

(1) *Gazette des Tribunaux*, du 9 avril 1874.

Nous ne parlerons pas de cette loi, car elle précède de très-peu celle du 11 août de la même année. — Or, aucun de ces documents législatifs ne permettait de traduire devant un tribunal quelconque ceux qui auraient publié un journal suspendu ou supprimé. M. Parant reconnaissait dans son ouvrage sur la presse (pages 273 et 275), que, sous l'empire de cette législation, aucune peine ne pouvait être appliquée à la contravention, l'administration n'ayant que le droit de saisir (1). Par conséquent, pendant longtemps, la suspension et la suppression ont vécu dans nos lois, sans qu'une sanction vînt les fortifier et leur donner l'autorité. Or nous verrons, aux nos 40 et suivants, qu'il en est absolument de même de l'interdiction de publication, laquelle n'est, sous la législation qui nous régit actuellement, pas plus que la suspension ou la suppression, fortifiée par aucune sanction pénale.

Pour appuyer cette théorie, on se fonde également sur la discussion de la loi de 1849, rappelée aux nos 19 et suivants, et principalement sur les termes dont se sont servi les orateurs.

On ajoute que ce n'est pas volontairement, ou par suite d'une omission intentionnelle, que le législateur n'a pas parlé de l'interdiction de publication, en même temps qu'il mentionnait la suspension ou la suppression.

Cette opinion a pour elle l'autorité de l'arrêt de la cour de Paris, en date du 10 décembre 1873. Mais cet arrêt, ainsi que l'a justement remarqué M. Bédarrides, affirmait, sans la démontrer, la prétendue analogie existant entre ces diverses mesures; il émettait une assertion que rien ne justifiait et qui n'était appuyée d'aucun texte (2).

Nous croyons devoir nous rallier à une seconde opinion.

28. Dans le système que nous venons de résumer, on détourne les mots suspension et suppression de leur sens propre; on raisonne par analogie, ce qui est inadmissible en matière pénale. L'interdiction est, en effet, la défense ou la prohibition d'un acte. La suspension et la suppression sont des mesures répressives ou disciplinaires prononcées à la suite de délits commis : l'une est la léthargie, pour un journal; l'autre équivaut à la mort du journal. Il n'y a qu'une chose com-

---

(1) *Gazette des Tribunaux*, du 25 février 1874.
(2) *Chassan*, édition de 1846, tome I, page 526, et tome II, page 218.

mune, entre l'interdiction de publication, la suspension et la suppression : c'est la *cessation de la publication*. La feuille, dont la publication est interdite, ne peut plus se publier dans certains endroits. Mais il n'est pas douteux qu'elle pourrait, ainsi que nous l'avons exposé au n° 25, être imprimée dans la ville où cette mesure a été prise, pourvu qu'elle ne s'y publiât pas. Ainsi, le *Peuple souverain*, sans même avoir besoin de changer de titre, pouvait s'imprimer à Paris, à partir du 4 septembre, pourvu qu'il ne s'y publiât pas. Tel était le sens de l'arrêté du 5 octobre 1873. — Sa publication pouvait être permise même dans les départements soumis à l'état de siége, hors Paris, et enfin, sans même changer de titre, il pouvait être imprimé à Sens, pourvu qu'il ne fût pas introduit à Paris, mis en vente dans cette ville, et que les prescriptions de l'arrêté du gouverneur de Paris ne fussent pas violées. Dans cet ordre d'idées, il est facile d'établir qu'il existe une différence profonde entre ces mesures; que l'interdiction de publication doit être considérée comme moins sévère que la suspension ou la suppression. Le ministère public allait donc trop loin, croyons-nous, à l'audience du 6 décembre 1873, devant le tribunal de la Seine, lorsqu'il envisageait l'interdiction de publication comme une mesure plus rigoureuse que la suspension et la suppression. C'est le contraire qu'il eût plutôt fallu dire.

Remarquons aussi, que sous l'empire de la loi du 18 juillet 1828, lorsque les tribunaux ou les cours étaient appelés à prononcer la suspension ou la suppression, ils procédaient *judiciairement*. Au contraire, quand un chef militaire prend la mesure qu'on veut assimiler à celles-ci, qui ne voit, qu'en vertu même des pouvoirs et du caractère dont il est revêtu, sa décision est essentiellement différente de celle qui émane des tribunaux et des cours. Dès lors, dans cette dernière hypothèse surtout, et en raisonnant *a fortiori*, l'analogie qu'on essaye d'établir, et qui n'est pas même admissible, quand ce sont les juges de droit commun qui ont prononcé ces mesures répressives, devient plus insoutenable encore, lorsque c'est le gouverneur militaire qui a pris un arrêté tendant à l'interdiction de la publication d'un journal.

Ajoutons que l'opinion que nous combattons, pourrait tout au plus s'appuyer sur les termes du décret du 17 février

1852 (d'où on doit induire, qu'avant ce décret, la difficulté ne pouvait pas naître), et sur l'emploi des mots *suspension* et *suppression*, qui sont insérés dans l'article 20. Mais le rapprochement, ainsi que la combinaison, du décret de 1852 et de la loi de 1849 sont loin d'avoir la portée que croient y trouver les partisans du système exposé au n° 27. L'économie de ce décret et le but de la loi de 1849 sont essentiellement différents ; le premier s'occupe de la liberté de la presse, tandis que la seconde suspend toutes les libertés, et confère à l'autorité militaire des pouvoirs exceptionnels ; le premier est purement répressif, la seconde a un caractère préventif. On pourrait multiplier l'énumération des différences qui existent entre eux.

L'arrêt de cassation du 10 avril 1874, expose très-nettement et d'une façon, parfaitement juridique, la dissemblance, lorsqu'il dit :

« Que l'interdiction est une mesure exceptionnelle et prise pour
« les temps difficiles ou troublés, l'autre générale s'appliquant à
« une situation régulière et tranquille : l'une dépendant unique-
« ment de la volonté du commandant de l'état de siége et produi-
« sant immédiatement tout son effet, l'autre appartenant à l'auto-
« rité judiciaire (qui depuis la loi du 11 mai 1868, a seule le droit
« de la prendre), et soumise par cela même à des formalités ou à
« des lenteurs incompatibles avec le régime de l'état de siége :
« *l'une exécutoire seulement dans le rayon de l'état de siége, l'autre*
« *exécutoire dans toute la France : l'une pouvant frapper toutes les*
« *publications, journaux, livres et brochures, l'autre restreinte aux*
« *publications de la presse périodique.* »

Ces derniers mots méritent d'être retenus. Ils marquent très-bien la différence que nous nous efforçons d'établir.

Quant à la loi de 1868 qu'on invoque quelquefois, à l'appui de l'opinion que nous combattons, elle n'a aucunement modifié le caractère de ces mesures, ainsi que nous le verrons plus loin.

29. Enfin un système mixte, constituant une sorte de transaction entre les deux premiers, a été proposé. Il est résumé dans la doctrine émise par le jugement du tribunal de la Seine, en date du 16 décembre 1873 (voir n° 12). La suspension « est, dit-on, seule similaire à l'interdiction de pu-

« blication » ; on en donne pour motif « que la suppression
« atteint le titre du journal, ses contrats d'abonnement, son
« existence, et qu'elle anéantit la propriété de l'entreprise ;
« que, par suite, la suppression est, non pas la suite d'une
« mesure administrative, mais une peine dont l'application
« appartient exclusivement au pouvoir judiciaire. »

Mais n'est-il pas évident que les mêmes considérations
s'appliquent à la suspension et à la suppression? Quelle différence y a-t-il entre ces deux mesures, ou plutôt entre ces
deux peines, si ce n'est qu'elles n'ont pas la même durée?
L'art. 20 du décret du 17 février 1852 les assimile puisqu'il
les réunit par la conjonction ou. Dès lors, ce que le tribunal
de la Seine a dit de la suppression, il devait le dire de la
suspension. Dans cet ordre d'idées, la suppression et la suspension ont le même caractère, il existe entre elles une complète similitude ; elles ne sont, ni l'une ni l'autre, *similaires*
de l'interdiction de publication.

Résumons cette partie de notre travail, en faisant un em-
prunt aux conclusions si remarquables et à la discussion si
logique, si précise, de M. l'avocat général *Bédarrides* (1), qui a
rendu véritablement inattaquable la solution dont il propose
l'adoption : « Je ne vois, quant à moi, que des différences
« entre les mesures elles-mêmes, entre les pouvoirs qui les
« prennent, entre les lois qui les consacrent ».

---

(1) M. *Bédarrides*, *loc. cit. Gazette des Tribunaux*, du 25 février 1874.

CHAPITRE SECOND

I. Sanction des infractions aux arrêtés pris par l'autorité militaire, en matière de presse, sous le régime de l'état de siége.

30. De toutes les questions soulevées par la jurisprudence reproduite plus haut, celle que nous allons maintenant examiner est la plus importante. L'arrêt de cassation du 10 avril 1874 lui consacre plusieurs paragraphes. Nous voulons la présenter à part. Nous retrouverons ici plusieurs des considérations déjà exposées ou des objections indiquées plus haut. Elles doivent cependant prendre place dans ce résumé des deux opinions émises au sujet de la sanction, qui permet de réprimer les infractions aux arrêtés émanant de l'autorité militaire, en matière de presse, sous le régime de l'état de siége. Quelle est cette sanction ?

I

PREMIER SYSTÈME.

31. § 1. — Dans une première opinion (1), on rappelle, ainsi que l'a fait l'arrêt du 10 décembre 1873 de la cour de Paris, que l'interdiction de la publication d'un journal équivaut *virtuellement* à sa suspension ou à sa suppression ; c'est dans ce sens que M. le Procureur général disait devant la cour

---

(1) Conclusions de M. l'avocat général *Fourchy*, devant la cour d'appel de Paris, de M. *Campenon*, substitut du procureur de la République, devant le tribunal de la Seine, et de M. le procureur général *Tenaille d'Estais*, devant la cour d'Orléans (*Gazette des Tribunaux*, des 1ᵉʳ mars, 9 avril et 21 mai 1874).

d'appel d'Orléans (1), que l'interdiction de publication n'est autre chose qu'une suspension administrative. Nous renvoyons sur ce point, aux développements donnés au n° 28.

32. § 2. — D'après l'éminent magistrat, l'officier supérieur qui commande un département soumis à l'état de siége *administre* ce département ; les mesures qu'il prend sont purement administratives ; tel est le caractère des recherches qu'il ordonne au domicile des particuliers, par application de l'art. 9 de la loi de 1849.

Lorsque l'état de siége est déclaré, le gouvernement militaire se substitue aux autorités civile ou administrative ; cela résulte de l'art. 10 de la loi du 8 juillet 1791, de l'art. 101 du décret du 24 décembre 1811, et surtout de l'art. 7 de la loi des 9-11 août 1849, lequel est ainsi conçu : « Aussitôt l'état de siége déclaré, les pouvoirs dont l'autorité « civile était revêtue pour le maintien de l'ordre et de la police « passent tout entiers à l'autorité militaire. L'autorité civile « continue néanmoins ceux de ses pouvoirs dont l'autorité « militaire ne l'a pas dessaisie. »

33. § 3. — Les pouvoirs du gouverneur militaire devant être assimilés à ceux de l'administration, on ne peut pas dire que la force soit la seule sanction des prescriptions de l'autorité militaire. La situation que réglemente la loi de 1849 est essentiellement différente de celle qu'avait en vue le décret des 5 et 10 juillet 1791. L'hypothèse que prévoit ce décret, est celle d'une ville assiégée ; le gouvernement civil disparaissait, dans ce cas, pour faire place à un pouvoir supérieur qui faisait exécuter ses ordres et respecter ses volontés par la force, *manu militari.* — Les art. 5, 10, 11 de la loi de 1849 se réfèrent, au contraire, à une sorte d'état de siége fictif (Voir n° 22).

34. § 4. — La force légale peut bien empêcher un acte isolé, mais elle est un obstacle insuffisant, lorsqu'il s'agit d'une série de faits successifs. L'intervention des tribunaux qui, seuls, ont qualité pour examiner les infractions, pour condamner les contrevenants et pour appliquer les peines prévues par le texte de la loi, devient alors indispensable.

S'il en était autrement, quelle serait la situation de l'auto-

---

(1) *Gazette des Tribunaux*, du 21 mai 1874.

rité militaire ? Le mode de répression qu'on préconise, serait le plus souvent inefficace ; il suffirait en effet, pour cela, que les contrevenants éludassent les prohibitions matérielles ou parvinssent, par des moyens plus ou moins habiles, à se soustraire à l'action de la force, qui ne produit son effet que d'une façon irrégulière. Le pouvoir judiciaire est au contraire régulier et normal. L'autorité militaire doit lui faire appel.

35. § 5. — Dans le même ordre d'idées, on déclare « qu'il « ne suffit pas, une fois que le mal est produit, d'empêcher « qu'il en reste des traces; il faut encore, par des mesures « répressives, empêcher qu'il ne se reproduise » (1).

36. § 6. — Soutiendra-t-on que l'art. 471 du Code pénal vise précisément les contraventions de cette nature ? Mais le résultat auquel on arriverait en appliquant ce texte serait plus rigou-reux que tous les autres modes de sanction. En effet, lors même que les tribunaux ne condamneraient les prévenus qu'au minimum prévu par l'art. 471, le chiffre de l'amende serait presque toujours exorbitant, puisque le nombre des journaux publiés en contravention des arrêtés ci-dessus rappelés, se compte en général par milliers.

37. § 7. — C'est l'art. 20 du décret de 1852 qui seul contient la sanction pour les infractions de la nature de celles dont nous nous occupons en ce moment (2). Ce décret a, comme l'a dit l'arrêt de la cour de Paris, du 26 février 1874, statué d'une façon générale, il doit atteindre toutes ces infractions. Il est impossible, aux termes de cette décision judiciaire (voir n° 15), d'admettre que le législateur de 1852, « qui a voulu, « par des peines sévères, assurer le respect des décisions qui « ordonnent à un journal de cesser sa publication, ait réservé « l'impunité aux personnes qui continueraient de publier, sur « un territoire soumis à l'état de siége, un journal suspendu « par l'autorité militaire comme dangereux pour l'ordre pu-

---

(1) M. *Tenaille d'Estais* ; conclusions données à l'audience du 19 mai 1875 (*Gazette des Tribunaux*, du 21 mai 1874).

(2) Ce texte est ainsi conçu : « Si la publication d'un journal ou écrit « périodique, frappé de suppression ou de suspension administrative ou judi- « ciaire, est continuée, sous le même titre, ou sous un autre titre déguisé, les « auteurs, gérants ou imprimeurs, seront condamnés à la peine d'un mois à « deux ans d'emprisonnement, et solidairement à une amende de 500 fr. à « 3,000 fr., par chaque numéro ou feuille publiée en contravention. »

« blic. » — Ne comprend-on pas combien il serait illogique de ne frapper d'aucune peine les délits ou contraventions commis à une époque de péril social, c'est-à-dire sous le régime de l'état de siége, alors que d'autres, moins graves, sont cependant déférés à la justice, par application de ce texte ?

38. § 8. — Sans doute il existait une lacune au point de vue de la sanction. On concède que la législation ancienne qui régissait cette matière, de 1820 à 1849, était incomplète. Mais le décret du 17 février 1852 a eu précisément pour but de réparer cette omission des législateurs antérieurs (1).

39. § 9. — La loi de mai 1868, qui est venue ensuite, a maintenu en vigueur l'art. 20 du décret de 1852. Cette loi doit être combinée avec les textes qui précèdent ; et de ce rapprochement résulte la preuve de la compétence des tribunaux correctionnels.

II.

40. § 1. — Dans une seconde opinion, que nous ne ferons que résumer succinctement, puisqu'elle a déjà été exposée aux nos 28 et suivants de ce travail, opinion qui nous paraît préférable (2), on répète que l'interdiction de publication diffère de la suspension ou de la suppression, et que cette dissemblance doit nécessairement, par voie de conséquence, entraîner une différence, lorsqu'il s'agit de la sanction à appliquer. La résistance à une injonction de l'autorité militaire, peut-elle être simplement punie comme le serait la désobéissance à un jugement ou à un arrêt civils ? D'ailleurs, pour appuyer le système énoncé aux nos 27 et 31, il faudrait un texte ; et ce texte n'existe pas. L'article 4 du Code pénal a, comme un des éminents adversaires de l'opinion que nous présentons ici l'a lui-même exprimé, « une souveraineté in-

---

(1) M. *Fourchy*, *loc. cit.*

(2) Conclusions de M. *Bédarrides*, avocat général à la Cour de cassation ; audiences des 13 février et 9 avril 1874 (*Gazette des Tribunaux*, des 25 février et 10 avril 1874). — Ces conclusions constituent un excellent exposé des difficultés qui viennent d'être examinées, et un véritable traité sur la matière. Aussi avons-nous cru devoir reproduire la majeure partie de l'argumentation si logique, si claire, si puissante, de cet orateur.

violable » (1). Décider autrement serait, selon nous, consacrer une doctrine anti-juridique. Les lois répressives sont la conséquence des rapports que les hommes ont entre eux; elles constituent une sauvegarde pour la société ; elles posent des règles qui visent des hypothèses définies et prévues. Mais il faut éviter d'étendre l'espèce de tutelle qu'elles accordent au pays ; il faut se garder de les appliquer à des cas nouveaux, non déterminés par avance : car, sous prétexte de protection apportée à la majorité, on tyranniserait véritablement la minorité des citoyens.

Nous n'insisterons pas plus longuement sur les inconvénients ou les périls résultant de l'extension des dispositions pénales. « Pour éviter le danger des interprétations arbitrai-« res, il n'y a qu'à renfermer chaque loi dans son objet » (2).

41. § 2. — On invoquerait vainement (voir n° 32), pour soutenir la thèse présentée aux n°ˢ 31 et suiv., cette circonstance que l'autorité militaire absorbe complétement les autres pouvoirs.

Cette assertion serait inexacte, à trois points de vue.

D'abord le caractère lui-même de la mesure que nous analysons, en ce moment, contredit complétement la théorie que nos adversaires essayent de faire prévaloir. En effet, lorsqu'un général, commandant une région en état de siége, interdit une publication, sa décision a quelque chose d'impératif. Il donne un ordre qui ne souffre pas de réplique, et contre lequel aucun recours n'est admis. Est-ce là de l'administration proprement dite ?

L'historique de la législation nous apprend, en outre, qu'avant le décret du 17 février 1852 la suspension et la suppression avaient un caractère exclusivement judiciaire ; elles n'étaient prononcées que par les cours ou par les tribunaux. Le décret de 1852 a, il est vrai, introduit une innovation, en édictant des suspensions ou des suppressiona administratives. Mais hâtons-nous d'ajouter que, depuis ls loi du 11 mai 1868 (art. 16), la suspension et la suppression administratives sont abolies; on est revenu, sous ce rapport, à la législation antérieure à 1852. C'est elle qui nous régit aujourd'hui. Il y a donc actuellement des attributions, d'une

(1) M. *Tenaille d'Estais* (*Gazette des Tribunaux*, du 21 mai 1874).
(2) M. *Bédarrides*, conclusions données à la Cour de cassation, le 9 avril 1874 (*Gazette des Tribunaux*, du 10 avril 1874).

certaine nature, qui ne peuvent jamais passer au gouverneur militaire.

Restent les pouvoirs de l'autorité civile dont, dit-on, le commandant militaire peut se trouver saisi, en vertu de l'article 7 de la loi des 9-11 août 1849. Mais, à ce troisième point de vue encore, le système proposé au n° 32 ne serait pas mieux fondé : car les attributions qui passent au commandant militaire ne sont pas des attributions indéterminées et illimitées (Voir n°s 16 et 22 *suprà*) : ce sont seulement celles qui se réfèrent au maintien de l'ordre ; c'est ce qu'a fort bien fait ressortir un arrêt de cassation, du 9 novembre 1872. On peut donc dire que l'opinion que nous avons à défendre s'appuie sur les textes et spécialement sur la loi même qui réglemente l'état de siège.

Telles sont les seules mesures que puisse prendre l'autorité militaire, lorsqu'elle se substitue à l'autorité civile. M. Bédarrides (1) explique dans quelles limites il faut comprendre cette concentration de pouvoirs qu'invoquent les partisans de la doctrine exposée au n° 32. Nous renvoyons, sur ce point, aux conclusions du savant magistrat.

On pourrait être tenté de tirer de ce qui précède, la conséquence, que les contraventions aux arrêtés militaires, relatifs à l'ordre et à la police, devraient, comme toutes les infractions aux arrêtés émanant de l'autorité civile, tomber sous l'application de l'article 471 du Code pénal. Mais nous dirons, au n° 45, pourquoi cette dernière solution n'est pas admissible.

En résumé, afin de dégager les principes sur lesquels nous nous appuyons, et pour bien définir le système qui doit, selon nous, prévaloir, nous dirons que l'*autorité militaire* NE POURRAIT, *en vertu des pouvoirs que lui confère la loi des 9-11 août 1849, suspendre, ni supprimer un journal, mais* SEULEMENT *en interdire la publication.*

42. § 3. — N'exagérons pas ce qu'on doit entendre par l'emploi de la force : Il ne peut s'agir que de la « force légale », ainsi que l'a fait remarquer M. le conseiller *Lascoux*, dans son rapport, qui a précédé l'arrêt de cassation du 10 avril 1874 (2).

_____

(1) *Gazette des Tribunaux*, du 10 avril 1874.
(2) *Id.*

Nous en trouvons un exemple dans les faits qui ont donné lieu à la poursuite contre le journal *le Suffrage universel* : une première sanction à l'arrêté du gouverneur de Paris, en date du 4 septembre 1873, résultait de l'arrêté du 5 octobre suivant.

M. l'avocat général Fourchy, que nous avons le regret de rencontrer parmi nos adversaires (1), est forcé, par la logique de son excellent esprit, de reconnaître qu'aux gouverneurs militaires incombe l'obligation « d'établir une surveillance « perpétuelle et de saisir les numéros frauduleusement in- « troduits. »

Qu'est-ce que cette surveillance, qu'est-ce que cette saisie, sinon un acte matériel, sinon un acte de force ?

On croit, dans le système opposé, pouvoir tirer argument des §§ 1, 2, 3 de l'art. 9 de la loi de 1849, qui permettent aux commandants militaires d'effectuer des recherches aux domiciles des citoyens, et on ajoute que, dans cette dernière hypothèse, la sanction est autre que la force légale. Mais l'analogie prétendue existe-t-elle ? Le texte cité est-il concluant ? Peut-on l'invoquer utilement ? Nous ne le pensons pas : car, dans l'hypothèse d'une perquisition domiciliaire, aussi bien que dans toutes celles que prévoyent les § 1, 2, 3 de l'article 9 (remise d'armes, éloignement des repris de justice, interdiction des réunions publiques), il n'y a évidemment pas d'autre sanction que l'emploi de la force matérielle. Dans tous ces cas, les tribunaux correctionnels ne sont pas le bras qui exécute.

La même observation doit indubitablement s'appliquer au paragaphe du même article qui mentionne l'interdiction de publication.

On objecte que ces actes matériels sont, par eux-mêmes, rigoureux, et qu'on ne doit que très-exceptionnellement y recourir. Mais qui pourrait contester que la révolte, contre une mesure qu'a commandée le péril social, comporte une punition bien autrement sévère que l'infraction à une décision de justice rendue à toute autre époque ?

43. § 4. — On redoute de soumettre l'autorité militaire à une vigilance continuelle, qu'on déclare impossible ! Mais cette

---

(1) *Gazette des Tribunaux*, du 1er mars 1874.

surveillance incessante ne serait-elle pas également nécessaire, si l'autorité civile était la seule juridiction répressive?
La critique ne tomberait pas, en raison de cette diversité de
compétence. Ajoutons que les infractions, dont il est ici
question, sont plus efficacement atteintes par l'action irrésis-
tible de la force légale, que par une condamnation à l'a-
mende prononcée par un tribunal correctionnel.

« Quel secours peut prêter à la force toute-puissante la
juridiction correctionnelle avec ses lenteurs, avec l'incer-
titude de ses décisions? », a dit encore M. l'avocat général
Bédarrides. C'est dans cet ordre d'idées qu'ont été édictées les
dispositions de l'art. 9 de la loi de 1849, mesures d'ordre,
de police, ou de salut public par excellence. L'autorité qui
les prend doit se suffire à elle-même. D'ailleurs, si on admet
la nécessité de l'intervention judiciaire dans un des cas prévus
par l'article 9, il faut, par voie de conséquence, déclarer que
cette intervention et la sanction qui en résulte s'applique-
ront aux autres hypothèses que prévoit ce même article? Que
l'autorité judiciaire soit compétente, pour connaître, sans
distinction, des diverses infractions, prévues par ce texte,
ou qu'elle ne le soit pour aucune d'elles. Mais qu'on ne sou-
tienne pas qu'il y a lieu de distinguer. Les mêmes motifs
peuvent être invoqués en faveur de la compétence, soit qu'il
s'agisse du paragraphe 4, soit qu'il s'agisse des paragraphes 1,
2, 3 de l'article 9 de la loi de 1849.

44. § 5. — On soutiendrait à tort qu'il s'agit, en cette matière,
bien plutôt de chercher à réprimer qu'à empêcher le mal.
Répondons que la désobéissance aux arrêtés militaires, pris
en vue du salut public est chose grave. Elle doit surtout être
prévenue. Or, elle ne peut l'être qu'au moyen du pouvoir
sui generis et considérable, dont l'autorité militaire dispose
en pareil cas.

45. § 6. — Nous n'insisterons pas sur la sanction que l'on a
cru trouver dans l'art. 471 du Code pénal. Ce texte ne saurait être invoqué, avec la portée qu'on lui attribue, puisqu'il
ne vise que des arrêtés administratifs et que les mesures
prises par un gouverneur militaire sont loin d'avoir ce caractère. On exagère donc, dans le système contraire, la portée
de l'art. 471 du Code pénal (voir n° 41).

46. § 7. — Faut-il dire, avec les jugements du tribunal de

la Seine, rappelés plus haut, et l'arrêt de la cour de Paris du 10 décembre 1873, que cette sanction se trouve dans l'article 20 du décret du 17 février 1852, et qu'elle n'existe que là ?

Il importe tout d'abord d'établir que ce texte n'avait nullement pour objet de compléter la loi du 11 août 1849, en édictant une sanction, qui, jusque-là, faisait défaut, comme on l'a vu au n° 27. Loin d'être édicté en vue de l'état de siége, il ne se référait qu'aux suppressions ou aux suspensions, qu'il allait introduire.

Remarquons aussi que, dans le cas qui nous occupe, les pouvoirs de l'autorité militaire, s'étendent, non pas à toute la France, mais uniquement à certains départements spécialement désignés (n°ˢ 16 et 25). Au contraire, lorsqu'il statue, l'art. 20 a en vue des suspensions ou des suppressions pouvant être prononcées sur toutes les parties du territoire de la France, et de plus il ne s'applique qu'à des décisions administratives ou judiciaires. N'est-ce pas la preuve manifeste que la loi du 11 août 1849 se suffisait à elle-même, et que le décret du 17 février 1852 est venu se placer dans un ordre d'idées tout différent ?

Ajoutons que l'état de siége doit être envisagé avec son caractère de mesure exceptionnelle; ce n'est pas aux lois ordinaires qu'il faut demander le mode de répression pour les contraventions commises dans les départements qu'il régit. « Il me paraît étrange d'emprunter au droit commun, « dont les bienfaits sont suspendus, une peine pour sanc-« tionner les mesures d'un régime d'exception » (1).

Puis, une autre difficulté se présenterait si on se bornait à chercher la pénalité dans un texte dont la portée est essentiellement limitée, qui ne vise que les écrits. Quelle serait la sanction, si un livre paraissait malgré l'interdiction d'un gouverneur militaire? On est obligé de reconnaître que cette dernière infraction ne serait pas punissable, puisque l'article 20 du décret de 1852 ne se réfère qu'à la presse périodique. Le raisonnement que nous combattons force donc à voir dans la loi une véritable inconséquence.

Autre difficulté : lorsqu'un jugement d'acquittement re-

---

(1) M. *Bédarride, loc. cit.*

laxerait les individus prévenus d'avoir contrevenu à un ordre
de l'autorité militaire, en décidant que le journal poursuivi
n'est pas la continuation de celui dont le gouverneur militaire a interdit la publication, l'autorité de ce chef serait pa-
ralysée; sa dignité et sa situation recevraient une atteinte
regrettable. Le conflit du pouvoir militaire et du pouvoir
civil ne préjudicierait-il pas gravement, dans ce cas, à la société ? La contrariété de décisions et l'espèce de confusion de
pouvoirs, qui se produiraient ainsi, ne seraient-elles pas
contraires à une sage administration et en quelque sorte à
l'ordre public ? On doit donc éviter, à tout prix, que cette
contradiction de décisions et cet antagonisme des modes de
répression prennent naissance.

Enfin, pour répondre à la prétendue inconséquence, énon-
cée à la fin du nᵒ 37, nous dirons qu'il est nécessaire d'établir
une différence entre les temps calmes et les jours de trouble.
Dans le premier cas, si une feuille périodique commet une
contravention, rien de plus équitable et de plus logique que
celle-ci puisse et doive être déférée à la juridiction de droit
commun. Dans le second cas, au contraire, ainsi que nous
l'avons exposé aux nᵒˢ 22 et 25, la répression doit avoir un
caractère d'énergie et de fermeté tout spécial. Il n'y a donc
aucune inconséquence à appliquer l'article 20 du décret de
1872, dans certaines circonstances, et à recourir au contraire
à des sanctions différentes, à d'autres époques.

47. § 8. — Il résulte de ce qui précède, qu'antérieurement
au décret du 17 février 1852, des infractions à des arrêtés militaires interdisant la publication de certains journaux auraient pu être commises ; et cependant aucune sanction
n'aurait pu être appliquée, puisque le décret du 17 février
n'avait pas encore été promulgué. C'est ainsi que l'article 15
de la loi du 18 juillet 1828 était lettre morte. Il en a été de
même, de 1828 à 1849. L'emploi des moyens matériels était
le seul mode de répression possible (Voir nᵒ 27). Or, à cette
époque, on se trouvait dans une sorte de paix publique. Qui
ne comprend qu'a fortiori ces mesures rigoureuses seraient
les seules à employer, dans les moments de péril social ou
pendant la guerre ? Il faut donc, en résumé, lorsqu'on exa-
mine les cas d'application de l'article 9 de la loi du 11 août
1849, raisonner abstraction faite du décret du 17 février 1852.

Aussi s'explique-t-on difficilement la partie de l'arrêt de la cour de Paris du 10 décembre 1873, rapportée au n° 8, qui croit pouvoir tirer argument de la législation ancienne sur la matière, et qui est conçue en ces termes : « Considérant que ces expressions interprétées par ce qui s'était pratiqué *antérieurement*...... »

Que les partisans de la doctrine opposée (n° 38) fassent des vœux pour une modification de la loi dans le sens qu'ils lui prêtent, soit ! Mais ils ne peuvent utilement invoquer l'application de l'article 20 à une hypothèse pour laquelle il n'a pas été édicté.

48. § 9. — Ce qui confirme notre manière de voir, et ce qui exclut l'application de l'article 20, c'est que, d'une part, depuis la loi du 11 mai 1868 (art. 12 et 13), le droit de suppression ou de suspension ne peut être exercé que lorsque ces mesures sont la conséquence d'une condamnation *judiciaire* (1). D'autre part, les suspensions ou suppressions administratives, que prévoyait l'article 20, n'existent plus. L'article 16 de la loi de 1868 est en effet ainsi rédigé :

« Sont abrogés les articles 1 et 32 du décret du 17 février 1852, et généralement les dispositions dès lors antérieures contraires à la présente loi.

« *La suspension, dans le cas prévu par l'article 19 du décret du 17 février* 1852, *ne pourra être prononcée que par l'autorité judiciaire.* »

Tout ce qui tient au régime administratif est supprimé, aussi bien dans les prescriptions du décret de 1852, que dans ses sanctions. Et c'est en vain que nos adversaires cherchent à donner aux mesures de l'autorité militaire un caractère spécialement administratif. Une semblable théorie n'a plus de valeur depuis la promulgation de la loi du 11 mai 1868 (Voir n° 41).

Soutiendra-t-on que cette loi a eu pour but de combler la lacune, dont nous avons parlé précédemment? Assurément non. La loi de 1868 ne renvoie, dans aucune de ses parties, à la loi du 11 août 1849, laquelle était tombée pour

---

(1) La première partie de l'article 12 est ainsi conçue : « Une condamnation pour crime, commis par la voie de la presse, entraîne de plein droit la suppression du journal, dont le gérant a été condamné. »

ainsi dire en non-usage. L'état de siége n'avait pas été proclamé depuis près de vingt ans, et ce n'est pas à ce régime exceptionnel que pouvait se référer la loi de 1868 (1).

---

(1) Nous croyons devoir, à ce sujet, résumer les débats qui ont eu lieu au Corps législatif, le 18 février 1868, lorsque l'article 18 du projet (devenu l'article 16 de la loi) y a été discuté.

Un amendement, signé par MM. Marie et autres, demandait la suppression de l'article 20 du décret du 17 février 1852. M. Jules Favre ayant fait observer qu'il résultait de ce qui précédait que la suspension administrative ne pouvait plus être maintenue, et qu'elle était virtuellement abrogée, le rapporteur, M. Nogent Saint-Laurens, s'exprima ainsi :

« La réponse se trouve dans l'article 17 du projet de loi (devenu plus tard l'art. 16 de la loi).... Cet article 17 porte : « Sont abrogés : les articles 1er, 24, 32 du décret du 17 février 1852, l'art. 11 de la loi du 21 octobre 1814, le décret du 22 mars 1822, et généralement les dispositions des lois antérieures, contraires à la présente loi. » La suppression administrative est contraire à la présente loi, qui supprime le régime administratif. Il me semble que l'abrogation actuelle est absolue, et qu'il ne peut y avoir de doute à cet égard, pour personne.

« M. le Garde des sceaux. Comment l'entendez-vous? En ce sens n'est-ce pas, que ça ne sera plus la suspension par la voie administrative, et que l'autorité judiciaire sera substituée aux droits de l'administration?

« Le Rapporteur. Certainement, M. le Garde des sceaux, puisqu'il n'y a plus de suspension par voie administrative.

« M. le Garde des sceaux. L'autorité judiciaire sera donc saisie, et prononcera la suspension, au lieu de l'autorité administrative?

« M. Pelletan conteste ce droit aux tribunaux.

« M. le Garde des sceaux. Qu'y a-t-il d'abrogé dans ces dispositions, par la loi nouvelle? Le droit conféré à l'administration, par le décret du 17 février 1852, de prononcer la suspension. Mais l'article que je viens de lire, reste en vigueur dans la partie qui autorise la suspension ; la suspension suffit, et elle sera dorénavant prononcée par l'autorité judiciaire. Le décret du 17 février 1852, reste applicable, obligatoire, dans toutes ses dispositions qui ne sont pas formellement abrogées. C'est précisément pour cela qu'on a proposé un amendement tendant à abroger tels et tels articles de ce décret. Or la nouvelle loi ne fait pas disparaître, d'une façon absolue, la suspension, puisqu'elle l'admet, au contraire, dans certains cas. La situation est donc fort nette ; et l'article reste en vigueur, dans ce qu'il n'a pas de contraire aux dispositions du projet qui vous est soumis.....

« M. le Garde des sceaux. La Commission examinera s'il est nécessaire de préciser davantage, et de formuler une proposition spéciale, pour remplacer les mots *suspension par voie administrative*, par ceux de *suspension par l'autorité judiciaire*. Je n'y vois pas d'inconvénient ; mais en ce moment, il n'y a rien de proposé.

« M. le Président invite les orateurs à présenter un amendement dans ce sens. Il consulte ensuite la Chambre sur l'amendement demandant la suppression de l'art. 20 du décret du 17 février 1852.

« La Chambre, consultée, ne prend pas en considération l'amendement de M. Marie, cité plus haut. »

II. Juridiction compétente pour connaître des infractions ci-dessus énumérées.

49. Nous sommes arrivés à la conclusion de ce travail. Ce qui se dégage des développements précédents, c'est que, sous l'empire de la législation actuelle, l'autorité militaire ne peut que, par l'emploi de la force, faire respecter ses arrêtés, notamment ceux qui ont pour objet d'interdire la publication des journaux, ou feuilles périodiques, jugés dangereux. On invoquerait vainement la compétence des tribunaux correctionnels, pour connaître des infractions aux arrêtés de l'autorité militaire. Et, lors même qu'on établirait (ce qu'on ne peut pas faire) la compétence de la juridiction de droit commun, pour réprimer les contraventions de cette nature, on ne pourrait pas indiquer de texte que les tribunaux pussent appliquer comme sanction des infractions. Cette disposition pénale, dans tous les cas, ne saurait, à quelque point de vue qu'on se place, être l'article 20 du décret du 17 février 1852.

50. Nous estimons que la juridiction répressive compétente serait avec plus d'opportunité le conseil de guerre. Les motifs, que nous pouvons en donner, sont les suivants : Sa compétence souveraine, pour tout ce qui touche au régime de l'état de siége et qui embrasse la généralité des infractions intéressant l'ordre public : Sa compétence spécialement réservée pour connaître des délits de presse.

51. Il est bon de rappeler ici ce que le rapporteur du Conseil d'État écrivait en 1849 (1) :

« Les délits de la presse attribués au jury par la Constitution,
« continueront de lui être soumis, même sous l'état de siége.......
« Toutefois, si la presse, par ses provocations et dans les cas définis
« par l'art. 2 de la loi du 17 mai 1819, s'est rendue complice des
« crimes ou délits qui, en raison de leur gravité, seront déférés
« aux tribunaux militaires, elle partagera le sort des fauteurs de
« désordre et d'anarchie qui ne savent pas respecter les lois de

(1) Rapport de M. Langlais sur le projet de Code militaire (Duvergier, *Collection des lois*, 1857, pages 356, 357, 358) ou Exposé des motifs. — Voir aussi le projet de Code militaire (Duvergier, *Collection des lois*, 1857, pages 317 et 320).

« leur pays ; les conseils de guerre jugeront, en vertu des lois or-
« dinaires sur la complicité, sa participation aux actes coupables
« qu'ils sont chargés de réprimer. »

Le rapporteur du Code de justice militaire s'exprimait
dans le même sens, en 1857 :

« La juridiction conférée aux conseils de guerre, dans l'état de
« siége, a paru à votre commission une conséquence forcée de cette
« situation rigoureuse et exceptionnelle. Là où l'armée a la respon-
« sabilité de la défense commune, il est logique de lui donner toute
« la puissance nécessaire à l'accomplissement de ses graves de-
« voirs, comme il est indispensable d'imprimer à la justice de ré-
« pression une marche plus vive, et un caractère d'énergie plus
« prononcé et plus saisissant » (1).

L'expression de la pensée du rapporteur a été reproduite
dans notre Code militaire (2).

52. Elle a reçu en quelque sorte une seconde consécration,
le 3 mars 1875, dans la discussion qui vient d'avoir lieu à
l'Assemblée nationale, lors de la deuxième délibération, relative à la révision des articles du code militaire qui ont pour
objet l'état de siége. Ces articles ont été maintenus. Voilà donc
la compétence des conseils de guerre, en quelque sorte, pro-
clamée à nouveau (3).

---

(1) Rapport de M. Langlais au Corps législatif, mai 1857, au sujet du
nouveau Code de justice militaire. (Duvergier, Collection des lois, année
1857, pages 357 et 358).

(2) Voici les articles du Code militaire, qui justifient la compétence des
conseils de guerre, en cette matière :
« Art. 43. — Lorsqu'une ou plusieurs communes, un ou plusieurs départements ont été déclarés en état de siége, les conseils de guerre permanents
des divisions territoriales, dont font partie ces communes ou départements,
indépendamment de leurs attributions ordinaires, statuent sur les crimes
et délits, dont la connaissance leur est déférée par le présent Code, et par les
lois sur l'état de siége.
« Art. 70. — Les conseils de guerre, dans le ressort desquels se trouvent
les communes, les départements et les places de guerre, déclarés en état de
siége, connaissent de tous crimes et délits commis par les justiciables des
conseils de guerre aux armées, conformément aux articles 63 et 64 ci-dessus
sans préjudice de l'application de la loi du 9 août 1849, sur l'état de siége'
(Duvergier, loc. cit., page 398).

(3) Les textes, qui sont relatifs à l'établissement ou à la compétence des
conseils de guerre, dans les communes ou départements en état de siége, ainsi
qu'à la procédure suivie devant eux, sont ainsi conçus :

53. Il serait surabondant d'essayer de démontrer plus longuement que les infractions aux arrêtés militaires doivent

---

« Art. 44. — « Il est établi deux conseils de guerre dans toute place de
guerre assiégée ou investie.

« La formation de ces conseils est mise à l'ordre du jour de la place.

« Leurs fonctions cessent dès que l'état de siége est levé, sauf en ce qui
concerne le jugement des crimes et délits, dont la poursuite leur a été déférée. »

« Art. 45. — « Les membres des conseils de guerre établis dans les places de
guerre en vertu de l'article précédent, sont nommés et remplacés par le gouverneur ou le commandant supérieur de la place, qui, à défaut de militaires
en activité, peut les prendre parmi les officiers et les sous-officiers en non-
activité, en congé ou en retraite. Dans ce cas, ils prêtent, entre les mains du
commandant supérieur, le serment prescrit par l'article 25 du présent Code.

« S'il ne se trouve pas dans la place un nombre suffisant d'officiers des
grades exigés pour la formation des conseils, il y est suppléé par des officiers et sous-officiers des grades inférieurs les plus rapprochés. »

« Art. 46. — « Les conseils de guerre établis dans les places de guerre en
vertu de l'article 44 sont composés comme les conseils de guerre aux armées.

« Les articles 11, 12, 13, 14, 15, 16, 17, 18, 22, 23, 24, 33 et 34 du présent Code leur sont applicables. »

Art. 70. — « Les conseils de guerre dans le ressort desquels se trouvent
les communes et les départements déclarés en état de siége, et les places de
guerre assiégées ou investies, connaissent de tous les crimes et délits commis
par les justiciables des conseils de guerre aux armées, conformément aux articles 63 et 64 ci-dessus, sans préjudice de l'application de la loi du 9 mars
1849 sur l'état de siége.

Art. 156. — « Aux armées, dans les circonscriptions territoriales en état
de guerre, et dans les places de guerre assiégées ou investies, l'accusé peut
être traduit directement, et sans instruction préalable, devant le conseil de
guerre.

« La procédure est réglée comme il suit à partir de l'ordre de mise en jugement, qu'il y ait eu ou non instruction préalable :

« 1° La citation est faite à l'accusé un jour au moins avant la réunion du
conseil ; elle contient notification de l'ordre de convocation ; elle indique,
conformément à l'art. 109, le crime ou le délit pour lequel il est mis en jugement, le texte de la loi applicable, et les noms des témoins que le commissaire
rapporteur se propose de faire entendre.

« Le commissaire rapporteur désigne un défenseur d'office avant la citation.
L'accusé peut en présenter un de son choix, jusqu'à l'ouverture des débats ; la
citation doit notifier à l'accusé le nom du défenseur désigné et l'avertir qu'il
peut en choisir un autre.

« 2° Le défenseur prend connaissance de l'affaire et de tous les documents
et renseignements recueillis ; à partir du jour où la citation a été donnée ;
il peut communiquer avec l'accusé.

« 3° Le conseil de guerre se réunit au jour indiqué et procède au jugement
de l'accusé dans les formes prescrites par les articles 113 et suivants du présent Code. L'accusé a le droit, sans formalités ni citations préalables, de faire
entendre à sa décharge tout témoin présent à l'audience et qu'il aura désigné
au commissaire du gouvernement rapporteur avant l'ouverture des débats.

« 4° Les questions indiquées à l'art. 132 sont résolues, et la peine est prononcée à la majorité de cinq voix contre deux, ou de trois voix contre deux,
selon que le conseil de guerre est composé de sept juges ou seulement de cinq.

être, comme tout ce qui touche la presse, lorsque l'état de
·siége est décrété, renvoyées devant les tribunaux militaires.

La logique, l'intérêt de la justice, le respect de l'autorité
qui est omnipotente, sous ce régime, commandent la solution que nous venons d'indiquer.

Cette matière tient, d'une façon étroite, à l'exercice de l'au-
·torité militaire, puisque c'est de l'exécution de ses ordres qu'il
·s'agit.

III. Addition à faire à la législation actuelle. — Conclusion.

54. Mais, dira-t-on, les conseils de guerre, de même que
les tribunaux correctionnels ne pourront appliquer une
peine, sans que celle-ci soit formellement prévue par un texte;
et ce texte n'existe pas.

55. Cette remarque est fondée. Aussi nous paraîtrait-il dé-
·sirable d'ajouter à ces lois une sanction pénale, afin que les
infractions aux arrêtés militaires, commises dans les hypo-
·thèses indiquées plus haut, fussent punies, de la même manière que le prescrit l'article 20 du décret du 17 février 1852,
lorsqu'il prévoit les infractions commises après qu'une sus-
·pension ou une suppression judiciaires ont été prononcées.

Notre législation doit être complétée. Il faut qu'une loi
·nouvelle dise quelle sera la sanction des contraventions aux
arrêtés pris par l'autorité militaire ; il faut que la peine soit
·déterminée avec précision, et qu'elle soit édictée pour ce
·cas spécial.

C'est ici qu'intervient, on le comprend, l'œuvre du législateur. Il appartient aux hommes distingués qui siégent à
l'Assemblée nationale, de déposer une proposition de loi, à ce
sujet.

La lacune que nous venons de signaler ne peut pas subsister
·plus longtemps, si l'état de siége est maintenu ; il ne faut pas
·que l'autorité militaire soit désarmée et que ses ordres puis-

---

« 5° Le condamné pourra se pourvoir en révision dans les délais et suivant
les formes prévus aux articles 143, 159 et suivants du présent Code, à moins
que le droit de former ce recours n'ait été suspendu par application de
l'art. 71. »

Journal officiel du 4 mars et du 19 mai 1875. — Ces articles ont été vo-
és, en 3ᵉ lecture, à la séance du 18 mai 1875, par l'Assemblée nationale.

sent être éludés, ou qu'elle soit contrainte, pour obtenir leur exécution, de faire constamment vigilance, et comme on l'a dit, de *se suffire à elle-même.*

Dans cet ordre d'idées, comme en toute matière, des modes de répression prompts, faciles, possibles, sont indispensables.

Si au contraire l'état de siége disparaît, songeons à l'avenir, et prévoyons même les circonstances les plus douloureuses, les situations les plus difficiles, et les régimes exceptionnels, que les événements exigeront peut-être ultérieurement.

> *Multa renascentur quæ jam cecidere, cadentque*
> *Quæ nunc sunt in honore..... sic volet usus.*

56. Il manquera un article à nos Codes, tant que ceux-ci ne renfermeront pas la disposition additionnelle, dont nous parlons.

Puisque le Parlement est appelé à réviser prochainement les lois sur la presse, nous attendons des jurisconsultes, qui font partie de l'Assemblée nationale, l'initiative d'une proposition de loi ainsi conçue :

« *Les contraventions aux arrêtés pris par l'autorité militaire, en* « *vertu des pouvoirs que lui confère l'état de siége, seront punies d'une* « *peine de 6 mois à 2 ans d'emprisonnement, ainsi que d'une amende de* « *500 à 3,000 francs.*

« *Si l'autorité militaire ne s'est pas dessaisie de ses pouvoirs, dans les* « *cas prévus par l'art. 7 de la loi des 9-11 août 1849, au profit de l'au-* « *torité civile, les conseils de guerre seront compétents pour connaître* « *des contraventions de cette nature.* »

« *L'article 463 du Code pénal sera applicable.* »

Cette addition ne saurait faire plus longtemps défaut dans nos lois, où sa place est marquée.

Caen, le 10 avril 1875.

CORBEIL. — Typ. et stér. de. CRÉTÉ FILS

CORBEIL. — TYP. ET STÉR. DE CRÉTÉ-FILS.

www.ingramcontent.com/pod-product-compliance
Lightning Source LLC
Chambersburg PA
CBHW070831210326
41520CB00011B/2205